編=坂本真佐哉 黒沢幸子
Sakamoto masaya　Kurosawa sachiko

不登校・ひきこもりに効く ブリーフセラピー

Brief Therapies for
School Refusal
and HIKIKOMORI

日本評論社

はじめに

　不登校・ひきこもり——そこには"膠着した時間"が流れています。多くの場合、本人、家族、関係者の想いや努力が、原因や悪者探し、悪循環、不安、焦り、自責の念……を生むことになり、出口の見えないもどかしさを伴う時間が流れ、計り知れない心労が生まれます。
　本書では、多彩な事例を通して、この膠着した時間が動き出す姿が描かれます。その解決への道程には、"ブリーフセラピー"という共通のスタンスが介在します。ときに鮮やかに、ときに温かく穏やかに、ときに自然に、その時間は動き出し、事例が変化していきます。
　ブリーフセラピーは魔法ではありません（奇をてらった表面的な方法でもありません）。むしろ、不登校・ひきこもりの関係者の心労に寄り添いつつ、原因／悪者探しをせずに、丁寧にそこにある資源（リソース）を拾い、"べき論"に埋没しない柔軟な対話を用いて、解決（望む姿）を編み出していく、とても地道なものです。何がうまくいっていないかではなく、うまくいっていることを見つける。目立たなくてもよい状態はすでに必ずある。誰も悪くないと捉える。そして、どうなったらいい？　元気な状態ってどんなふう？　と、これからの時間に焦点を当てる。ブリーフセラピーが行うのは、そのような対話／会話であり支援です。それにより、膠着した時間のなかで浪費されているエネルギーが、望む未来をつくる方向へと流れていく……。
　本書には、さまざまな事例のなかでの会話や逐語が数多く示されています。それがまず本書の特徴であり、理解しやすさ、読みやすさにもつ

ながるものと思います。

　不登校・ひきこもりについては、すでに数知れないほどの多くの見解、学説、対応の指針等が示されています。当然のことながら、本書に魔法のやり方が書かれているわけでもありません。ただ、本書に出会うことで、読者によっては、もしかしたら今までは着眼することのなかった観点、思いもよらなかった視点、斬新な方法を発見することもあるかもしれません（魔法とは言わないまでも）。従来の不登校・ひきこもりについてのさまざまな言説から、少し自由になることもできるかもしれません。

　読者に新たな視点をもたらすことも本書のねらいのひとつではありますが、それよりも、多くの方々が、不登校・ひきこもりについて、ともに希望を抱き、少しでも肩の荷を降ろして向き合う／支援することが叶い、その励みとなることが、私たちの本懐です。その願いを多くの方々に届けるために、本書は、初学者・一般の教員や親御さんにも読んでいただけるよう努めてやさしく書かれています。専門家はもちろんのこと、そのような方々に手にもとっていただけることを願っています。

　本書の執筆者は、ぜひこの方にその実践の姿を開陳してほしい（手の内を明かしてほしい）と、編者らが願った方ばかりです。どの章も、素直に、ときに支援者の本音やもがきすらも明かしながら、不登校・ひきこもりへの支援のありようが闊達に描かれています。読者の皆様からは、遠い存在ではなく、むしろ近い存在として感じられるに違いありません。そしてすべての章に、本人、家族、関係者への敬意に満ちた姿勢が横たわっていることに気づいていただけると思います。

　本書は、各執筆者がひとつの章を担当し、全11章（＋補章）による2部構成になっています。11人の執筆者が、それぞれの臨床実践のなかで鍛えた得意領域から事例を軸に執筆しています。

　第1部では、不登校・ひきこもり支援に役立つ発想と技法として、まず第1章では共編者である坂本真佐哉先生が、"不登校・ひきこもり支

援の困難あるある"を示し、ブリーフセラピーの基本的なスタンスを紹介しつつ、その支援のポイントをわかりやすく押さえています。第2章は、田中ひな子先生から、解決志向ブリーフセラピーやナラティブ・セラピーの姿勢に基づいた、解決に向けた変化を育む会話のプロセスがエレガントに紹介されます。第3章では安江高子先生が、システム、関係性、フレームといったキーワードをもとに、コミュニケーションの流れが変容する会話のコツを示します。家族は対応方法を知りたいのに、「正しい」指針の通りには動けない……そうです、そんな悩みどころへのコツです。第4章は、田中究先生によって、自然的志向とバリデーション（承認／認証／有効化）の観点から、セラピーの本質に触れる考察がなされます。ブリーフセラピーには（より早い）変化を重視する印象があるかもしれませんが、ここではその印象すら変わるかもしれません。「松のことは松にならえ、竹のことは竹にならえ」（芭蕉）と。

　第2部は、第5章から第11章まで、さまざまな現場における実践が示されています。不登校・ひきこもりといえば、進学が大きな課題ですが、まず第5章の喜多徹人先生が、「ブリーフセラピーができる予備校校長」としての20年あまりの経験から築かれたノウハウを伝えます。親御さん、教員やスクールカウンセラーも必読です。第6章では、淺谷豊先生が、高校教員の立場から自身の体験を赤裸々に開示し、「不登校・ひきこもりに出会った教員に効くブリーフセラピー」として、貴重な示唆をしたためています。これも教員の方々にぜひ読んでいただきたいものです。第7章は、精神科病院の心理相談室から、自身の臨床家としての成長の軌跡も垣間見せつつ若手にも励みとなる論考の田崎みどり先生。第8章は、「チーム学校」の展開により今後その役割がさらに期待されるスクールソーシャルワーカーの実践から、チームを信頼しているからこそあえて「青鬼」役にもなれるしなやかさを伝える長沼葉月先生。第9章は、スクールカウンセリングの現場から、いわゆる"the ブリーフ"ともいえる鮮やかな事例を提示し、新進気鋭の認知行動療法家としてそのテイ

ストも交えながら解説する西川公平先生。第10章は、児童相談所の現場から、対象者の小さな変化や「もっともな理由」を扱い、児童相談所に付与されている権威を出さずにつながる一方で、その権威をもリソース（使える資源）とみる意義深い論考の柴田健先生。第11章は、ブリーフセラピーとは畑が異なるものの共通点もみられる対人関係療法の立場から、安達圭一郎先生が示唆に富む貴重な論考を寄せています。最後に補章として、初学者の皆様のために（専門家の復習のためにも）、再度坂本先生が、ブリーフセラピーについて文字通りブリーフな解説をしてくれます。こんなに短くわかりやすいブリーフセラピーの解説は他に類を見ないかもしれません。

　本書はこのようになんとも編者冥利に尽きる内容となりました。編者のつたない紹介はこれくらいにして、ここからは読者の皆様ご自身で本書の醍醐味をご堪能ください。

　あらためて、このテーマにかかわる少しでも多くの方々に本書が出会い、本書が介在することで、何かしらのヒントや明日への安心材料を得ることにつながればと祈っております。気がつけば、膠着した時間から新たな時間が紡がれていますように。

2016年6月　紫陽花の美しい東京にて

黒沢幸子

目　次

はじめに　i

[第1部　支援に役立つ発想と技法]

第1章　困難どころを乗り越える支援のポイント…………坂本真佐哉　1

第2章　変化を育む会話のプロセス………………………………田中ひな子　17

第3章　コミュニケーションの流れが変わる会話のコツ……安江高子　31

第4章　回復を支える自然的志向とバリデーション…………田中　究　46

[第2部　さまざまな実践]

第5章　受験予備校の現場から………………………………………喜多徹人　67

第6章　高等学校の現場から……………………………………………淺谷　豊　87

第7章　精神科病院における心理相談室の実践から
　　　　──「家族ぐるみ」「病院ぐるみ」セラピーができるまで……田崎みどり　102

第8章　社会福祉の現場から……………………………………………長沼葉月　121

第9章　スクールカウンセリングの現場から……………西川公平　136

第10章　児童相談所の現場から
　　　　──児童相談所らしさを出さないで支援する………柴田　健　156

第11章　対人関係療法によるアプローチ
　　　　──不登校からひきこもりに移行した20代半ばの女性を通して…安達圭一郎　174

補　章　ブリーフセラピーとブリーフサイコセラピーの
　　　　ブリーフなお話………………………………………坂本真佐哉　188

おわりに　198

第1部　支援に役立つ発想と技法

第1章

困難どころを乗り越える支援のポイント

坂本真佐哉

不登校・ひきこもり支援の困難どころ

（1）不登校・ひきこもりの家族と出会う時に

　不登校やひきこもりの相談は、自然と家族が相談に訪れることが多くなります。学校に行けない、社会に出ることができない、あるいは家から出ることができない子どもをどうすればよいのでしょうか、というのがその相談内容です。

　一人ひとりの様子は違うものの、家族が途方に暮れていることは共通しています。これまでさまざまなことを試みてきたにもかかわらず、成果はあがっていないと感じている場合もあります。

　しかし、相談に訪れたということは、当然ながらまだ何かしらの希望をもっていると受け止めることもできます。それと同時に、家族は疲れ果ててもいるでしょう。

　相談に訪れる家族は保護者、つまり親御さんであることがほとんどで

すから、ここでは家族を両親と想定して、書き進めることにします。

　さて、両親はどうして疲れ果てているのでしょうか。

　ひとつは、子どもの将来を悲観して、不安な思いが場合によっては数ヵ月、あるいは数年も続いていることによるでしょう。わが子がこのまま社会に出ることができなかったら、自分たちの定年後にはどうなるのだろうか。自分たちがこの世からいなくなったらいったいどうするつもりなのだろうか、という焦りと不安からくる心労が溜まっているといえるでしょう。

　次に、日々の子どもへの対応、口論やいさかい、時には暴力に向き合うことの精神的な負担によるものもあるでしょう。子どもが自分の将来のことを考えている様子がみられず、このままではいけないという思いから声をかけても反応がないか、逆ギレされてしまう。親に対して理不尽な言いがかりをつけてきたり、自分が外に出ることができなくなったことの原因をすべて親のせいにしてきたりすることもある。そのような果てしない子どもとのやりとりによる心労もあるでしょう。

　それともうひとつ、親としての自責の念に悩まされていることもあるように思います。子どもから、あれもこれもすべて親のせいだと言われ、そんなはずはないと思いつつも、どこかでやはり自分たちの育て方に間違いがあったのではないか、という気持ちを払拭することができない。あの時ああすればよかった、こうしておけば異なる結果になったのではないか、とつい考えてしまう。そのようなことばかりが頭のなかをぐるぐると回っているせいで、一向に気分が晴れない。

　また、自分を責めてしまうだけではなく、家族内の他の誰かを責めてしまうこともあるでしょう。責められたほうは傷つき、場合によっては、売り言葉に買い言葉の応酬に陥ってしまうこともあるかもしれません。なかには、知人や専門家の助言にみずからの落ち度を重ね、傷ついてしまうこともあるでしょう。

　問題が生じるまでにはたしかにあった親としての自信が、ひとたび問

題が生じたことで、音を立てて崩れ、家族内の責め合いやコミュニケーションがぎくしゃくすることにつながっていくこともあるでしょう。

このような状態からなかなか抜け出せないという心労は、家族をとても疲弊させるものです。心理援助を行う者は、家族がこのような心労によって疲れ果てている状態にあるということを念頭においておく必要があると筆者は考えています。

さて、読者のみなさんは、このような家族と出会った時に、何を目標に支援を行うでしょうか。もしかしたら、不登校やひきこもりについての何らかの有益な情報を伝えようとするでしょうか。または、このような状況に陥った時の子どもとのかかわりのあり方について伝えようとするでしょうか。あるいは、両親のつらさに共感しようとするでしょうか。

もちろん、どれも誤りではありませんし、それぞれに効果もあると思います。では、この本のタイトルにもあるブリーフセラピーでは、何を目標に支援を行うのでしょうか。

（2）ブリーフセラピーによる家族支援のポイント

ブリーフセラピーが他の心理援助と最も異なるポイントは、家族や当事者の問題点ではなく、資源（リソース）に注目して支援するということです。

通常、何か問題が生じると私たちは、「何が原因だろうか。何が問題だろうか」と考えます。原因や問題を取り除くことが解決につながると信じているからです。普通、機械の故障は原因を取り除くことで解決します。身体の病気もある程度はそうかもしれません。反対に原因を無視すると、とんでもないことになるでしょう。

しかし、ここで取り上げている不登校やひきこもりの問題は、決して単一の原因だけで生じるものではありません。「本人の性格が……」とか「親の育て方が……」などといったことのどれかひとつだけで、何かが決まるわけではないでしょう。よって、原因を特定しようとすること

にエネルギーを注いでいても徒労に終わることは少なくありません。

　また、原因を考えるということには、重大な副作用があります。原因を探ることは、たいていは誰かを悪者にすることにつながるものです。誰かを悪者にすれば、そのこと自体が当事者を取り巻く人間関係に影響するでしょう。言うまでもなく、否定的な影響です。

　問題を抱えた家族に否定的な影響が及ぶことは解決に役立つでしょうか？　当然、否です。悪者になった（された）人は、傷つくか、反発するのが普通です。解決に協力することがいやになってもおかしくありません。

　では、原因や問題のことは放っておいてよいのでしょうか？　よいのです。先に述べたように原因はひとつではないでしょうし、原因追及をすることはよいことにつながりませんから。

　筆者は、原因について家族から尋ねられた時には、迷わず「家族のせいではない」と伝えます。しかし同時に、原因が気になってしまうことや自分自身を責める気持ちになってしまうことについては、当然のことであると認めます。よって、原因についてあれやこれや考える会話を一緒に行うこともします。どうして問題が起こったのかということの理解なしに前に進めない時もあるからです。しかし、援助者自身が本当の意味で家族に原因を求めてしまうことには慎重な態度を保ちます。

　そして家族には次のように伝えます。「問題が生じたことについて家族に原因も責任もありませんが、解決に向けては家族の協力が必要ですし、効果があると私は考えています」と。

　ブリーフセラピーでは、このように理論のうえでは、解決に向けて原因や問題そのものについて知ることは必要ないと考えますが、多くの人にとってこの考え方はまだ奇妙に聞こえるでしょう。もう少し解説してみましょう。

（3）ブリーフセラピーにおける解決とは

　読者のみなさんが何か問題を抱えたとき、解決にはどのようなバリエ

ーションがあるのでしょうか。
　ここでみなさんの心のなかに「？」が浮かぶかもしれません。「解決はひとつしかないでしょう」と。
　はたしてそうでしょうか。たとえば、スポーツが苦手、という「悩み」があるとします。ちょっと考えただけでも解決はひとつというわけではないですよね。
　まず思い浮かぶのは、苦手な種目の練習をするとか、体を鍛えることによって苦手な状態を克服する、ということでしょう。これは直接的な克服方法ですが、その方法は限りなくたくさんあるでしょう。たとえば、ひとつの種目だけに絞るとか、全般的に運動能力を高めるなど。ここでの目標は、苦手なものがそうでなくなることでしょうか。そのプロセスで「苦手意識の克服」ということにもつながるでしょう。
　解決のふたつ目。スポーツから目を離して、他の得意なことをもっと伸ばす、ということもできるかもしれません。勉強とか芸術とか、あるいはコンピューターの知識を増やすとか。得意なことができ、自分に自信がもてるようになれば、悩みは「気にならなくなる」かもしれません。ここでの方法や選択肢も数限りなくあるでしょう。
　解決の３つ目。これは賛否が分かれるところかもしれませんが、たとえばスポーツが苦手だということをむしろ自分の強みにする、ということもできるかもしれません。スポーツの苦手な自分を面白おかしく、笑い話のネタにする、つまりウリにするわけです。スポーツの苦手な人を集めて、スポーツが苦手な人のためのスポーツ大会を開く、とか。そうして広く周りを見ていると、弱みを強みにしている人を見つけることができるかもしれません。とくに芸能関係では、よくみられるでしょう。苦手なことを強みにする方法も無数にあるといえるかもしれません。
　大きく３通りの解決について示しましたが、もう少し考えてみると、これら以外にも見つかるかもしれません。それに、３通りの解決それぞれにも無数の方法が存在しますので、理論的には星の数ほどの「解決」

があるということができます。

では、どうやって「解決」の方向性を選んだらよいのでしょうか。援助者はどうやって解決を選び、クライエントに示したらよいのでしょうか。

ここにまたブリーフセラピーの大きな特徴がみられることになります。

ブリーフセラピーによる解決は、クライエント自身が選ぶのです。

では、援助者には存在意義がないのではないか、と思われる読者もおられるでしょうか。そんなことはありません。ちゃんと仕事はあるのです。

（４）不登校やひきこもり支援におけるゴールや目標

不登校やひきこもりの難しいところは、このようなゴールや目標のバリエーションを見出すことが難しいことにあると筆者は考えています。

具体的には、不登校やひきこもりの目標が、学校に行くことや社会生活を送ることに限定されがちであると思われるからです。

いろいろなよい変化が仮にあったとしても、家族や本人は「でもまだ学校に行くことはできていない」とか、「まだ仕事をしていない」というところに立ち戻ってしまいます。つまり、０か１、あるいは白か黒、ということになってしまいます。長年問題を抱えていることも珍しくないでしょうから、無理もありません。家族にしてみれば、だんだんと時間との戦いのようになってしまい、焦りが募ってきますから、少々の変化では安心できない傾向はさらに強まります。

当事者にも不安はあります。しかし、家族の前でその不安はなかなか表明できません。不安を表明すれば、「では学校に行きなさい」とか「仕事しなさい」、あるいは「病院やカウンセリングに行きなさい」と言われてしまいかねないと考えてしまいますから。しかし、一歩踏み出すまでの自信がまだあるわけではないので、不安や心配ごとについて口に出すことができません。

家族はそのような本人の様子を見て、「まったくやる気がない」とか、「自分の将来について無関心だ」と感じてしまいますが、そうではない

のです。自分の将来については誰よりも考えているにもかかわらず、それを口には出せない状況にあるのです。

　次に難しい点は、不登校やひきこもりにまつわるさまざまなディスコース（言説）が存在していることです。たとえば、昼夜逆転が治らないと学校に行けない、とか、ゲームの世界にばかり没頭していると現実の社会で適応できない、とか、家庭の居心地がよすぎるから家から出ることができない、などです。

　どれももっともらしいと思いますし、ある一面からすれば「正しい」ことかもしれません。しかし、本当にそれらの「正しいこと」をクリアしなければ解決できないのでしょうか。

　それらのことには、多くの場合、当然ながら家庭ではすでに取り組んでいます。朝起きられずに学校に行くことができなければ、親は必死で朝起こしたことでしょう。夜も早く寝るように促すでしょう。ゲームをしすぎないように制限をかけたり、場合によってはゲーム機を取り上げたりするでしょう。家にいてゴロゴロしないようにあれやこれやうるさく言ったり、せめて授業のある時間帯には勉強をさせようとしたことでしょう。

　しかし、多くの場合そうしたことはうまくいっていません。家族は、それらをめぐっての当事者とのトラブルにすでに徒労感をもっているはずです。

　考えてみれば、学校や社会に出ることのできない人が、昼間の時間帯を機嫌よく元気に過ごすことができるでしょうか。みなが授業を受け、または仕事をしている時間帯です。そのような時間に家で起きていれば、「なんで自分はこんなところにいるのか」「なんで外に出ることができないのか」と自分を責めてしまっても不思議ではありません。そのようなつらい時間を起きておくことができるでしょうか。いっそのこと眠ってやり過ごしたいと考えてもまったく不思議ではないでしょう。夜になってみんなが寝静まってからやっと活動しようという気持ちになるのでは

ないでしょうか。

　ゲームについてもそうです。不登校やひきこもりの人と話すと、「楽しくてゲームをしているのではない」と語ることがあります。没頭はしても、楽しんでいるわけではないのです。エネルギーが出なくて、勉強や何か建設的なことができる状態にはとてもないので、ゲームくらいしかすることがないと理解することもできます。

　このようなプロセスにあって、家族は、学校に行くか行かないか、あるいは社会に出るか出ないかということからなかなか目が離れなかったり、昼夜逆転や生活リズム、ゲームの問題などに目が行きがちになったりして、これらをめぐって当事者との間にトラブルが生じやすくなってしまうように思われます。

　さて、では支援者として、どのような手立てがあるでしょうか。次に具体的な例をみてみましょう。なお、プライバシーへの配慮のため名前は仮名です。また、内容の細かいところを変更したり、いくつかの事例を組み合わせたりしています。

支援の実際

（1）事例1：ナミコさんの場合

　ナミコさんは中学3年生です。中学1年生までは、部活も勉強も頑張り、ほとんど欠席することなく登校できていました。ところが、2年生になって部活動の仲間との関係がぎくしゃくしたせいか、部活を辞めてしまいました（母親の推測）。それからというもの、朝起きられなくなり、徐々に欠席の日が増えていきました。3年生になってからは、ついに1日も登校できない状況となったそうです。カウンセリングには気のりしなかったナミコさんを自宅に残して、両親がカウンセリングに訪れました。

　両親が学校に行けない理由を尋ねても、ナミコさんは「別に」と答え

るのみで、一向に理由がわからないそうです。夜中まで起きており、ゲームやネットを見ながら過ごしているので生活のリズムが不規則になっているようです。はじめの頃は、両親がなんとか朝起こして学校に行かせていましたが、最近ではいくら起こしても起きることができず、両親が仕事に出かけてから昼頃に起き出しているようでした。

　両親は夜中にゲームやパソコンに熱中するナミコさんに対して注意をするのですが、ナミコさんはそれを聞き入れないばかりか反発するので、いつも家のなかで口げんかが絶えません。両親はゲームを隠したり、パソコンにパスワードをかけたりするのですが、ナミコさんは一人で家にいる間に見つけ出し、いつの間にかまた熱中しています。両親はしばらく様子を見るのですが、やはり生活リズムが不規則になるためにまた注意をして、口げんかに発展するということが繰り返されていました。

　両親もナミコさんもこのやりとりにくたびれ果てていましたが、他にどうしようもありません。また、お母さんが相談する知り合いの人からのアドバイスや読んだ本にも「まずは生活リズムを整えることが大切」とか「ゲームばかりするからキレやすくなる」などとあるので、両親としてはますます必死にならざるを得ません。

　カウンセリングの場でいろいろと話を聞いてみると、ナミコさんは学校に行けないからといってまったく外に出ないというわけではないようでした。犬の散歩には行くのです。ナミコさんの家では、ナミコさんが小さい頃から犬を飼っています。ナミコさんは犬が大好きで、犬の世話は率先して行うのです。また、犬の散歩中、他に散歩中の人がいれば積極的に話しかけて会話するということもわかりました。

（2）ナミコさんの家族にとっての解決

　ブリーフセラピーの概念を用いるならば、ナミコさんにとって犬に関することはソリューション・フォーカスト・アプローチ（以下、SFA）における「例外」(2)ということになります。「例外」は、問題のない時に

ついて会話を重ねることで見えてくるものです。勉強も手につかず、一見無気力に見えるナミコさんが犬のことになると自発的に活動することは、「問題のない時」ということになるわけです。そのような例外が明らかになれば、「どうやってその状況をつくることができたのか？」と問いかけることによって、問題のない時を再現できる可能性が広がります。

　セラピストは、このような例外を頭に留めておいて後の会話で用いることにします。

　また、先に述べたように、生活リズムやゲームのことで家族内がぎくしゃくしていることも気になります。まったく勉強をしなくなってしまったことも心配のタネですが、両親がナミコさんに勉強を促すとこれもまた反発されてしまいます。両親は、ナミコさんが自分の将来のことを前向きに考えないことも心配ですし、苛立ちのもとになっているようです。このように、ナミコさんが学校に行けなくなったことで、家族の関係がぎくしゃくしてしまい、両親はナミコさんの一挙手一投足に敏感になって、ついつい口やかましくなってしまいます。

　両親からみれば、学校に行っていないナミコさんの状況は「まったく変化なし」であり、何から手をつけてよいやら、またこのまま口やかましく言ったほうがよいのかどうかすらわからなくなってしまっているようでした。

　家族との会話をこのように整理し、セラピストはナミコさんの状態を3階建ての建物(3)（図1-1）に例えて、次のように説明をしました。

　「ナミコさんの状態は、地上1階、地下2階の3階建ての建物に例えることができます。地上の階は、好きなことも、やらねばならぬことも、両方ともできる状態です。自分が好きなことだけでなく、勉強など、好きとはいえなくてもやらなければならないこともできる状態です。そのような状態でなければ、学校に行くことは難しいのではないでしょうか。

　地下2階は、勉強などやらねばならぬことはもちろん、自分の好きな

図1-1　ナミコさんの状態を3階建ての建物に例えてみる

こともできない状態です。とてもつらい状況です。もちろん、本人にとって一番つらい状況ですし、家族も心配です。しかし、この場合の家族のなかでの対処は一貫しており、迷うことはありません。つまり、好きなことすらできない状態ですから、家族も心配してそっと回復するのを見守っていることでしょう。

　さて、実は一番難しいのが、地下1階の状態です。これは、好きなことはできるけど、勉強などやらねばならぬことはまだできない状態です。つまり、社会生活を行うには十分に回復しているとはいえないのですが、好きなこと、たとえばアニメを見るとか、趣味の買い物に行くことはできたりする。家族は、『好きなことができるんだったら、学校に行きなさい。勉強くらいしなさい』となります。しかし、本人はまだそこまでの元気は戻っていないので、家族との間で口げんかになるなどして、関係がぎくしゃくし、互いにストレスが溜まります。

　ただし、この好きなことというのも、細かくみていくと、受身的なものから能動的・活動的なものまで幅があります。たとえば、ぽーっとテレビは見ることはできるけど、以前好きだった魚釣りなど少し手間のかかることなどはまだできないかもしれません。人によってそれは違うでしょうが、その場合は受身的なものが地下2階に近い地下1階で、手間

のかかる遊びなどは地上に近い地下1階ということになります。
　ナミコさんの場合、今はどのような状態でしょうか？」
　ナミコさんの両親は、ナミコさんの状態を少し前から振り返りました。
　「たしかに、学校に行かなくなった頃は元気がなくて、ゲームすらしない時期もありましたから、それこそ心配して何も言いませんでした。しかし、いつの間にか以前のようにというか、それにも増してゲームをするようになり、夜更かしも増えたので、こちらも黙っていられなくなりました。でも、最近はそういえば、やっとテレビを見て声を出して笑えるようになってきたし、ゲームソフトを買うためとはいえ、外に出かけることもできるようになってきました。犬の散歩の時間も少し長くなったような気がします」
　セラピストは続けて教えてもらいます。
　「どういうことが起こったら、ナミコさんの元気が戻ってきたなー、と思えるのでしょうか。以前はできていたようなことで」
　「そうですね。以前は時々パスタとか作ってくれたりしてましたね。好きなので。でも、最近はめっきりやらなくなってます。なので、料理などができるようになると、ちょっとは元気になってきたかな、と思えますかね」
　「なかなかまだ心配な状況ではあるとのことですね。しかし、一時期はできなくなっていたゲームができるようになり、犬の散歩も少し時間が長くなってきたなどのよい変化がみられつつあるということですね。ここまで元気が戻ってきたのは、お父さん、お母さんのどんなことがナミコさんの応援になったのでしょうか？」
　両親は顔を見合わせて、首をかしげます。
　「では、お父さんからお母さんを見られていて、お母さんの接し方で『このあたりはナミコさんの支えになってるんじゃないかな』と思うところはどんなところでしょうか？」
　「そうですね。休みの時なんか、たまに甘いものを買ってきて一緒に

食べたりするんですけど。最近は楽しそうに話している姿がみられるようになってきた気がします」
「それはすごい。お母さん、どうやってナミコさんの笑顔を引き出しているんですか？」
「いや、私が甘いもの好きだから（笑）。ナミコもですけど。それに犬の話とかだったら、普通に話せるんです」
「ナミコさんの好みをよく知っておられるんですね。そして犬の話をすることで穏やかな会話を心がけておられるんですね。今度はお母さんから見て、お父さんのかかわりで、このあたりはナミコさんにとってよいなあ、と思うところはどんなところでしょうか？」
「そうですね。テレビを見ながらいろいろと話しかけてることでしょうかね。以前はあまり会話がなかったんですが、この人もいろいろと考えてるんじゃないでしょうか」
「（父親に）考えてらっしゃる？」
「というほどのことでもないんですけど、調子のよさそうな時は話しかけてみようかなと」
「どうやって調子を見極めてらっしゃるんですか？」
「まあ、表情とかですかね」
「ナミコさんをよく観察されて、話しかけることができそうな時に機嫌よく話せるような話題で話しかけてるんですね」
「まあ、そういうことでしょうかね（笑）」
「なるほど、よくわかりました。ありがとうございました。お父さん、お母さんがこのようなかかわりを工夫されていることによってナミコさんが徐々に元気を回復されていることがよくわかりました。そのまま続けてみるということでいかがでしょうか？　そして少しでもこれはよい変化かなー、と思うようなことがあったら、次回教えてください」
　ナミコさんの両親とセラピストはこのような会話を交わしました。
　その後ナミコさんは、両親からみて少しずつ元気を取り戻し、ついに

は学校に戻ることができました。不思議なことに、学校に行くことができるようになると、自然と朝は起きることができました。あんなに苦労していた生活リズムはもはや問題ではありません。

(3) うまくいっているところを見つけよう

　私たちは問題を抱えると、ついついうまくいかない解決策にこだわり続けてしまうことがあります。そしてその背景には、さまざまないわゆる「常識」が横たわっているようです。

　ナミコさんの家庭でも、「昼夜逆転は不健康」とか、「ゲームのやりすぎは人をダメにする」といったいわゆる「常識」のディスコースが両親のプレッシャーとなり、ナミコさんとの間に波風を立てていたように思います。

　もちろん、生活リズムを整えることや、ゲームを適度に楽しむことなどはとても大切なことです。親としてきちんと子どもの行動をマネジメントできるに越したことはありません。しかし、一度問題が起きて、生活リズムやゲームのことを改善しようとするにもかかわらずよい方向に向かわない時は、別の視点をもってみることも大切でしょう。何も生活リズムやゲームのことだけではありません。家族の価値観なども影響するでしょうが、解決しようと頑張っていることが、反対に問題を維持しているということもあるわけです。

　ある方法を試してみてうまくいかない時は、目標やゴールをもう一度見直してみる必要があるのではないでしょうか。

　ナミコさんの場合は、元気だった時のナミコさんについて両親から教えてもらったことがひとつの突破口でした。ナミコさんが元気だった頃についてのことは、家族である両親が一番よく知っているわけですから、セラピストはそれを教えてもらい、解決についての会話を広げるお手伝いをさせてもらったわけです。

　そうするといろいろなゴールがみえてきます。それに、ナミコさんの

生き生きとしていた頃のことについて語ってもらうだけでも両親は嬉しそうです。このような新たなゴールについての会話は、生活リズムやゲームについてのナミコさんとの押し問答を終わらせる効果もあったように思われます。

おわりに

　ブリーフセラピーにもさまざまな理論と技法があります。筆者が参照しているのは、そのなかでもシステムズアプローチとSFA、ナラティヴ・セラピーです。いずれも個人の心のなかを理解するというよりも、個人を人間関係における相互作用の文脈やストーリーのなかで理解し、新たな現実（ストーリー）をともに構成していく領域であると理解しています。

　そのような実践のなかにあって、不登校やひきこもりの問題を抱えた家族の方への支援にかかわる際、筆者が心がけていることが3つほどあります。

　ひとつ目は、自信の回復に向けて支援することです。当事者本人もそうですが、カウンセリングの場に相談に来る家族も本人との接し方に自信を失っています。自信があれば相談には来ませんから。よって、たとえ原因論に話が向かうとしても、家族や本人の否定的な側面を取り上げないように心がけます。仮に親御さんが子育ての不適切さを悔やむような場合でも、そのなかでの適切性や、そうせざるを得なかったストーリーに光を当てることを心がけます。

　ふたつ目は、柔軟性の回復です。問題を抱えているとその心労もあり、視野が狭くなります。元気な時はこだわらないようなことにこだわるようになったり、人の意見に耳を傾けない頑なさが強くなったりすることがあります。つまり、もともともっている柔軟性が鳴りを潜めてしまっています。本人や家族がそのような状況に陥っていることを十分に理解

しながらも、視野を少しでも広くすることができるような支援を心がけます。とはいっても、もちろんのことですが、「視野を広げてください」などと言っても効果はありません。そのような時に、例外についての会話や3階建ての建物に例えた会話などが功を奏するように思われます。

　3つ目は、コミュニケーションの回復です。先に述べたように問題を抱えることによって、家族内でのいさかいが生じたり、交流が途絶えたりすることがあります。しかし、互いを責めたくなる気持ちは、問題が解決できないことで途方に暮れた結果であったり、あるいは少しでもよい方向に向かわせようとする結果であったりするのです。そのようなプロセスに光を当て、いさかい自体が否定的なものではなく、解決への努力であるとの文脈を見出すことができるならば、もともとあったコミュニケーションが回復していくことの手助けになるように思います。

　このように筆者の理解するブリーフセラピーは、できないことをやってもらおうとしたり、足りないものを新たに付け足すようなものではなく、家族のもともともっている文化や価値観のなかに望みのある意味を見出しながら、新たなストーリーをともに紡いでいくものなのです。

［文　献］
（1）坂本真佐哉（2005）「社会学的・家族的アプローチ」吾郷晋浩，河野友信，末松弘行編『臨床心身医学入門テキスト』三輪書店，pp.231-235.
（2）インスー・キム・バーグ（磯貝希久子訳）（1997）『家族支援ハンドブック：ソリューション・フォーカスト・アプローチ』金剛出版
（3）坂本真佐哉「子どもが学校に行けなくなってしまったとき」神戸松蔭女子学院大学人間科学部心理学科編（2016）『暮らしの中のカウンセリング入門：心の問題を理解するための最初歩』北大路書房，pp.105-115.
（4）リチャード・フィッシュ，ウェンデル・A・レイ，カリーン・シュランガー編（小森康永監訳）（2011）『解決が問題である：MRIブリーフセラピー・センターセレクション』金剛出版

第2章

変化を育む会話のプロセス

田中ひな子

はじめに

　私たちはいつも会話をしています。家族と、友人と、恋人と、一人の時も心のなかで自分自身と会話をしています。
　何か問題が起こった時、まず自分と、それから周囲の人たちと会話をし、さまざまなことを考えて工夫を試みます。にもかかわらず、なかなか解決しない時、カウンセリングの場を訪れ、そこでカウンセラーとの会話が始まります。そのうち、クライエントは「問題は解決しました。もう大丈夫です」といったようなことを話し、カウンセリングは終結になります。
　ここでは、不登校の女子高校生との面接のプロセスを示して、ブリーフセラピーのひとつである解決志向アプローチ[1][2]に基づいた会話の進め方を紹介しましょう。

事　例——「体のことは体に訊く、心のことは心に訊く」

　芙美さん（仮名）は高校1年生、父母と兄の4人家族です。中学1年から始めたダイエットがきっかけで拒食になり、体重が急激に減りました。中学2年の終わり頃、大量に食べては肥満恐怖から嘔吐することが始まり、中学3年の9月から登校できなくなりました。そこで精神科を受診して、低体重のために3ヵ月間入院しました。翌年4月、中高一貫校だったので高校に進学することができましたが、不登校と摂食障害（拒食と過食嘔吐）による低体重は続きました。7月初旬、主治医の勧めでカウンセリングにいらっしゃいました。

初回面接
　誰にとっても初めてカウンセリングに来る時は、多かれ少なかれ勇気が必要です。とりわけ不登校の人にとっては、外出すること自体が困難な場合もあります。にもかかわらず、カウンセリングにいらしたということは、よほどのことがあったからに違いありません。簡単な挨拶の後、まず、来談に至る事情から尋ねることにしました。

来談の契機とカウンセリングへのニード
　「何でまた、カウンセリングに来ようと思ったのですか？」と尋ねると、芙美さんはある出来事を話し始めました。
　芙美さんには、交際1年になる同級生のボーイフレンド（以下BF）がいます。1ヵ月前のこと、突然、彼が「家庭の事情で、これまでのようにかまってあげられない」と言いました。その場では「いいよ」と答えましたが、芙美さんは大変なショックを受けました。この1年間いつも支えてくれた大切なBF。その助けなしでやっていけるのだろうか？　もしかして見捨てられてしまうのではないか？　と不安に襲われて、絶望的な気分になりました。

そして考えました。たとえ彼と別れたとしても、すべてを失ったとしても、私はここで息をすることができる。食べることは誰のためでもない、自分が生きていくために食べるのだと。そのことに気づいた時、「生きているというリアリティ」を感じました。そして食べ始めました。吐かないと決めて、食べ物をお腹におさめることができるようになったのです。すると気持ちも変わってきたので、それを話せる相手がほしくなり、カウンセリングに行こうと思ったのでした。

　色白で華奢な芙美さんのどこか文学的な語りから、深遠な変化が起こっているということが伝わってきます。

来談前のよい変化とその波及効果
　きっと広範にわたる変化が数多く起こっているだろうと感じて、筆者（Th）は次のような質問をしていきました。

Th　：「食べ始めたことで、どんなことが変わってきましたか？」
芙美：「元気が出て、体が動くようなりました。前より明るくポジティヴに考えられるので、自分のしたいことがわかるようになった。したいことと、すべきと考えていることって違うんですね」
Th　：「そのことがわかって、どのように違ってきたの？」
芙美：「母がうざったく感じて、一人になりたいと思うようになり、しばらくケンカが続きました。でも最近は落ち着いてきました」
Th　：「何でまた落ち着いてきたの？」
芙美：「『私は私』って感じでやっていたら、母のことがあまり気にならなくなってきました。前は母に背中を押してもらっていたけど、今は一人でスッスッと歩いている感じ」
Th　：「そのことで、どう違ってきた？」
芙美：「ケンカの後で私から謝ることができるようになりました」
Th　：「まあ、大人になったのね。他にはどんな変化が？」

第2章　変化を育む会話のプロセス　　19

芙美：「自分を責めなくなった」
Th　：「前なら責めていた場面で、今は代わりにどのようにしているの？」
芙美：「『さみしかったんだねー』と思うようにしている」
Th　：「自分に優しい言葉をかけるのね。何でそんなことができるようになったのかしら？」
芙美：「気がついたのです。今まで『私はこんなに苦しかったのよ！』と自分に対して怒りをぶつけて復讐していたのです。すると、ますます苦しくなって症状が悪化していく、摂食障害はそんな悪循環なのです」
Th　：「よく気がついたわね。どうやってそのことに気がついたの？　何かきっかけがあったのかしら？」
芙美：「母を見ていたらわかりました。母はいつも自分を責めて苦しんでいる。父は自責しない人。私もそうなりたいと思って」

よい変化を引き起こした工夫（対処行動）を尋ねる：コーピング・クエスチョン[1]

それまで太ることを恐れて普通の食事をとることができなかった芙美さんにとって、吐かないで食べるということは、大きな挑戦です。どのようにしてその恐怖を乗り越えたのでしょうか？

Th　：「食べるためにどのような工夫をしましたか？」
芙美：「食べたぶんだけ体重が増えるのは当たり前のことですが、数字を見るととても不安になります。だから体重計に乗ることをやめました。でも何かが胃に入れば違和感があり、お腹を見るとまた恐怖が襲ってきます。だから最初は水を飲んで、『水だから太らない』と自分に言い聞かせて、膨らんだお腹に慣れる練習をしました。次にコーヒー、牛乳と進めて、エンシュア（食事が摂れない時のための総合栄養剤）が飲めるようになりました。愛用のマグカップに分けて、少しずつ飲みました。不安もありましたが、治っていく、変わ

っていく自分を好きでいられるだろうという自信をもつようにしました」

クライエントのリソース（資源）：クライエントにとって重要な人(1)

このような大きな変化を引き起こすきっかけになったBFとの関係は、その後、どうなったのでしょうか。

「しばらくの間、ケンカが続きましたが、1週間後に仲直りをしました。彼は私の回復ぶりに驚いています。『苦しい！』と訴えることが減ってきて、『私の問題は私の問題よ』って感じでやっています。今度、BFの部活の試合の応援に行きます」

二人は危機を乗り越えて、新しい関係を作りつつあります。そもそも、どんなきっかけで付き合い始めたのでしょうか？

「1年前に交際を申し込まれました。最初は大好きというほどではなかったので、気にしないでポンポンと何でも言えて楽しかった。深夜まで電話でおしゃべりしていました。付き合い始めて、それまでの自分はさみしかったのだと気づいて、食べ吐きがひどくなってしまいました」

そのために体重も減って、入院することになったということでした。

カウンセリングのゴール

「では、今日はこの状態がどうなるといいなと思ってカウンセリングにいらしたのですか？」と尋ねると、芙美さんは、少し間をおいて「私は私でいい、と思えるようになりたい。食べ物から自由になりたい」としっかりとした口調でおっしゃいました。

「では、そうなるとどんな生活をしているかしら？」と尋ねると、「ショッピングしたり、勉強したり、友だちとお茶したり、おしゃれを楽しんだりしていると思います。絶対に留年はしたくありません。クラスメイトと一緒に卒業したいから。中学から一緒のクラスメイトは優しくて、入院していた時に千羽鶴や誕生日のお祝いカードを送ってくれました。

だから9月に復学したいのです。あと、摂食障害が必要な理由も知りたい」と、カウンセリングのゴールを具体的に語りました。筆者は「摂食障害が必要な理由」という言葉から、摂食障害を手放したいのに手放せない芙美さんの苦悩と洞察力の高さを感じました。

リソース：クライエントにとって重要な人からの助言
とてもつらいこの1年間を支えてくれたもう一人の大切な存在は、主治医の先生だと芙美さんは話しました。「先生のどんな助言が役立っていますか？」と尋ねると、芙美さんは、「人の助けを借りなさい」とカウンセリングを勧めてくれたことと、「確実によい方向に変わっているから、焦らないでゆっくり」というふたつを挙げました。筆者もこの助言を大切にしてカウンセリングを進めようと思いました。

クライエント自身による現在の状態の評価：スケーリング・クエスチョン[(1)]
芙美さんは、現在の状態を自分自身でどのように評価しているのでしょうか？

Th ：「これまでで一番大変で状況が悪かった時を、数字の1とします。もうカウンセリングに来なくても大丈夫、と思える状態を10とします。そうすると、今、どのあたりにいる感じがしますか？」
芙美：「入院していた時が1で、今は8です」
Th ：「どんなことから8だと思うの？」
芙美：「前よりも自分が嫌いでなくなったから。本をたくさん読んだことが役立ちました。それに、先ほど『どうなりたいか？』と聞かれた時に、元気になっている自分の姿が見えました。制服を着て、みんなと一緒に笑いながら歩いていました」
Th ：「では、カウンセリングをどんなふうに利用したいですか？」
芙美：「自分の考えを話す場所にしたい。焦らなくていい、ゆっくり行こ

うと思えるようになりたいです」
Th ：「今日、初めてカウンセリングに来ていかがでしたか？ 感想を教えてください」
芙美：「話してみて、ここまで来るのにとても長かったが回り道はしていない、私の進むべき最短の道を通ってきたと思いました」

カウンセラーからのフィードバック：コンプリメント（称賛と労い）と提案(1)
　面接の最後に、筆者から感想と提案を次のように伝えました。
　「今日はよくいらっしゃいました。食べ始めて気持ちも変わってきて、話せる相手がほしいと思うようになったのですね。初めてお会いしたのでいろいろな質問をしましたが、よく考えて答えてくださいました。お話をうかがってわかったことは、今とても大きな変化が芙美さんに起こっているということです。BFの言葉に一時は絶望的な気分になりましたが、そこから生きること、食べることについて深く考え、食べ始めました。太るのが怖い芙美さんにとってはとても勇気のいる決心だったと思います。食べ始めたことで元気が出てポジティヴに考えることができるようになり、BFやお母様との関係も変わりました。そして自分を責めることをやめました。主治医の先生のご助言も大切になさっています。そして優しい友人たちと一緒に卒業するために、9月に復学したいと思ってカウンセリングにいらしたのですね。自分で工夫と努力をして、最悪を1とすると8まできました。お話をうかがって、芙美さんの賢さと強さを感じました。次回の面接までの過ごし方について提案してもいいですか？　今、食べ始めたことで、変化や気づきがたくさん起こっています。そうしたご自身の変化について観察してください。そして、ゆっくり、焦らずに、どのようにしたのかを観察して、次回教えてください」
　芙美さんは安心した表情でうなずきました。

第2回

1ヵ月後の8月初め、芙美さんは少し緊張がほぐれた表情でいらっしゃいました。

「話そうと思っていらしたことから、どうぞ」と言葉をかけると、この1ヵ月間の変化について話し始めました。

「朝食と昼食のメニューを工夫することによって、過食嘔吐を1日2回から1回に減らすことができた。7月末から3日間補習のため学校へ行くことができた。勉強の遅れが心配なので、家庭教師に来てもらうことにした。BFが遊びに来た時、一緒に親子丼を食べた」と、よい変化とそのための工夫を嬉しそうに語りました。

しかし、しばらく沈黙した後、表情を曇らせて、「9月から2学期が始まる。集団に入るのが怖いのです」と不安な気持ちを語り出しました。筆者が「どんなふうになるといいと思う?」と尋ねると、「守られたい、弱みを見せられるようになりたい。今まで鎧を着ていたが、それを脱ぎたい。これまで無理をして強がっていた」と答えました。そこで、鎧を脱ぐことについて話し合いました。

第3回

8月末、いよいよ2学期が始まる直前です。

「前回から今回までとても苦しかった。でも、新学期に備えて、朝昼は普通に食べて、過食嘔吐は夕食だけのパターンを保つことができた」「最近、BFから1日に何度も電話がかかってきて、『これまで世話をした時間を返してほしい』などと責められる。昨夜遅くにも、会いたいと電話があったが断わり、電話は9時までにしてほしいと伝えることができた。今、彼は部活の悩みがあって不安定だが、本来は優しくて正直で頭のいい人なので別れたくない。電話は1日1回にして楽しい話をしたい」

芙美さんは登校に向けて生活を整えたり、BFに対して自己主張がで

きるようになっています。

　クライエント自身による登校の準備についての評価
　筆者は芙美さんに次のように尋ねました。「0が登校できない状態、10が登校できる状態とすると、今どのあたり？」。すると芙美さんは、心と体の準備を分けて答えてくれました。
　「心の準備は9」。その根拠は、①何人かの友だちに電話ができた。みんな優しかった。②家庭教師と勉強している。③BFや母に対して意思を言えるようになったことから、主治医が「登校できる」と言ってくれた。③ちょうどよいサイズのステキな弁当箱を買った。
　一方で、「体の準備は7」。その理由は、①胃痛で痩せた。②（肥満恐怖のために）下剤を多く使用している。心の準備は整いつつも、体は新学期を前に不安と緊張が高まっている様子です。
　筆者が「体の状態が1上がると、今とどのように違っているかしら？」と尋ねると、「体重が3キロぐらい増えている。でもそれは無理かな？　今の体重を維持できれば、体力的には登校できると思う」と答えました。

第4回
　真夏の日差しが続く9月、芙美さんは面接室に入ると笑顔で話し始めました。「登校しています。嬉しいです！」。生活は大きく変化し、そのためにさまざまな工夫をしています。
　「朝から定時に登校して、疲れたら保健室で休む。無理せず早退する。先生方が理解してくれるので助かる」「吐くことが減った。昨日、夕食にハンバーグを食べた。食後すごく苦しかったが、吐かずに耐えた」「学校へ行くようになって孤独感が減った」「BFにいやなことはいやとはっきり言えるようになったら、BFに思いやりの気持ちが出てきた」「友人にBFの愚痴を言えた。友人の言葉の裏を考えないでそのまま受

け取るようにした」

　登校を始めた現状を、芙美さん自身はどのように評価しているのでしょうか？

　Th　：「初回面接の時を1として、解決した状態を10とすると、今はどのあたりにいる感じ？」
　芙美：「5ぐらいです。登校できたし、朝昼食べることが2ヵ月続いたから」

　筆者は、「大きな変化が起こっているので、これ以上急がないようにしましょう。今の状態を維持するために何を続けましょうか？」と尋ねました。そして芙美さんと話し合い、以下の方針を確認しました。①焦らない。現状維持を大切にする。②今日のことは今日終わらせる。気持ちの面で翌日に持ち越さないようにする。④前日に翌日の準備をする。⑤不安にならないように、自分のためにちょっとだけがんばる。

　面接の最後に感想を尋ねると、「自然に変わってきたって感じがする」と気負わない表情で答えました。

第5回

　新学期が始まって1ヵ月が過ぎました。芙美さんは登校を続け、自分から挨拶したり、ノートを借りたり、女の子たちの輪に入ったりできるようになり、友人に素直に気持ちを伝えることも少しずつできるようになりました。

　とはいえ、とても疲れる毎日です。普通の人の半分の体力しかないことに気づき、食べようと努力しています。「何を一番食べたいのだろう？」と考えてグラタンやドーナッツを食べたり、食後も「食べたかったのだから」と考えることで後悔しなくなりました。他にも、おしゃれや編み物などやりたかったことにチャレンジしています。

今のよい変化を維持するために大事にしていることを尋ねると、「体のことは体に訊く、心のことは心に訊く」ようにしているとのことでした。

第6回
登校を始めてもうすぐ2ヵ月になろうとしています。「体のことは体に訊く、心のことは心に訊く」を続けて、新しい生活のペースもできてきました。

「定期テストが終わった。疲れたら寝るようにして無理をしないで勉強した」と近況を話してから、ふっと一息つくように間をおいて、これまでのことを語りだしました。

「中学受験はとても大変だった。入学したらいじめられた。その時、50キロの体重を45キロにしたいと思い、ダイエットを始めた。中学2年の夏には数学で満点をとり、成績はトップ、部活でもレギュラーとして活躍し、それを維持しなければならないと必死だった。毎日、胃痛がひどかった。年末から食べ吐きをするようになったが、登校は続けた。中学3年の6月からBFとの交際が始まった。交際に反対する母親に暴力を振るったこともあった。2学期が始まり、食べ吐きがひどくなって登校できなくなった。痩せたいのに食べてしまう自分を責めて苦しかった。今は体重が増えて38キロぐらい。以前より肥満恐怖は和らいできたが、やはり痩せていたい。なぜ痩せたいのかわかりたい」。

そこで、筆者が「痩せていることはどんなふうに役立っているのかしら？」と尋ねると、芙美さんは「みんなに心配してもらえた」と過去形で答えた後、「いや、自己満足かな？」と言って軽く笑いました。

第7回から第20回終結まで：「自分の軸ができました」
2週間後の第7回面接では、「この1週間で1回しか吐いていない。母と距離をとって自分で食事を作っている」とのことでした。第7回面

接の後も、家族関係、友人関係、恋人関係や体調面でさまざまな出来事や困難がありましたが、ほとんど休むことなく登校を続けました。カウンセリングは月に1回のペースでさらに1年間続け、その時々の変化や問題への対処の仕方について話し合いました。そして、初回面接から1年3ヵ月後、終結となりました。

「どうやってここまで来たのですか？」と尋ねると、「トラブルをすぐ解決しようとしない。まず耐えたり、泣いたりする。楽観的に考える。生きていてよかったと思う。死にたいと思う時もあったが、それは苦しいけど生きたいという気持ちだったと思う」と振り返りました。

その1年後、芙美さんは近況報告にいらっしゃいました。「毎日登校するのが当たり前になり、友人関係や部活を楽しんでいる。自分の部屋ができて母との距離がとれるようになった。過食嘔吐をする時もあるが、考えなくても済む時間として必要なのかもしれないので、無理にやめなくていいと思う。大学は文学部に進みたい」。そして、「自分の軸ができました。やっていけるという感じがあります」という力強い言葉で、カウンセリングを締めくくりました。

変化を育む会話

不登校という言葉は、「毎日、学校に登校しなければいけない。小学校→中学校→高校（→大学）→就職という決められたレールを通らなければならない」という響きを感じさせるかもしれません。一方、摂食障害の人たちの多くは、肥満恐怖とやせ願望によって、「痩せていなければいけない」と理想の体型に自分をあてはめようとして苦しんでいます。しかし、言うまでもないことですが、私たちは一人ひとり顔や声が違うように体型も違いますし、生き方には多様な可能性があります。芙美さんは1年近く登校していませんでしたが、その間にさまざまな変化がありました。

変化を育む会話は、「私たちは一人ひとり違う」「私たちは常に変化している」ということを前提としています。初回面接では、来談前にすでに起こっている変化とその波及効果に焦点を当て、何がよかったのかを話し合います。そして、クライエントが行っている工夫（対処行動）を明らかにして、それを称賛して労います。そのようにしてよい変化を維持することにより、良循環を生み出すことができるのです。

　不登校やひきこもりの人たちにとって、来談を決意し実行するには、大きな勇気が必要です。ですから初回面接で来談に至るプロセスを詳細に語ることを通して、変化への動機づけ、カウンセリングのゴール、クライエントにとって重要な人、価値観が明確になります。これらをリソース（資源）ととらえて、「クライエントは自分の問題を解決するのに必要なリソース（資源）と強さをもっており、自分にとって何がよいことかをよく知っており、またそれを望んでいて、精一杯やっている」(3)、「クライエントこそが自分自身の人生の専門家である」(4)という観点から会話を進めます。

　ところで、会話にはどのような意味があるのでしょうか。H・アンダーソンは以下のように述べています。

　「私たちは他の人々とまた自分自身とも絶えず会話をしている。会話を通して自分の人生の経験や出来事を形成し、再形成する。意味や理解を創り出し、創り直す。自分の現実観や自己概念を構築し、再構築する。ある会話は人生における可能性を広げ、ある会話は可能性を狭める。可能性が広げられた時、私たちは、主体性という感覚（sense of self-agency）を持つことができる。それは、自分の問題、苦痛、ジレンマ、フラストレーションなど私たちが気にかけ悩むことを言語化できるという感覚、そして私たちが望むこと、つまり自分の夢や意向や行為などが実現されるよう、必要に応じて行動が取れるという感覚である」(5)

　最後の面接で芙美さんが述べた「自分の軸ができた」とは、主体性の感覚をもったということを意味しているのでしょう。

おわりに

　芙美さんは、絶望的な気分のなかで、それでも呼吸している自分に気づき、そこから自分自身との新たな会話を始めました。そして、「体のことは体に訊く、心のことは心に訊く」（第5回面接）ことで、自分自身との会話がさらに豊かに展開していきました。

　筆者は、芙美さんの会話の部屋に招かれた客のような気持ちでした。カウンセリングが終わっても、芙美さんの自分自身の心と体との会話は続き、その会話の部屋にはさまざまな人たちが訪れたり招かれたりしていることでしょう。

　執筆にあたり掲載の許可をくださった芙美さんに心から感謝申し上げます。本稿は、面接のエッセンスと会話の展開は誠実に記していますが、プライバシー保護のため事実関係に改変を加えています。

［文　献］
（1）ピーター・ディヤング，インスー・キム・バーグ（桐田弘江，住谷祐子，玉真慎子訳）（2016）『解決のための面接技法：ソリューション・フォーカストアプローチの手引き（第4版）』金剛出版
（2）田中ひな子（2014）「解決をイメージする：解決志向アプローチの技法から」『精神療法』40(6), 54-58.
（3）インスー・キム・バーグ，スコット・D・ミラー（齋藤学監訳）（1995）『飲酒問題とその解決：ソリューション・フォーカスト・アプローチ』金剛出版
（4）H・アンダーソン，H・グーリシャン「クライエントこそ専門家である」シーラ・マクナミー，ケネス・J・ガーゲン編（野口裕二，野村直樹訳）（1997）『ナラティヴ・セラピー：社会構成主義の実践』金剛出版
（5）ハーレーン・アンダーソン（野村直樹，青木義子，吉川悟訳）（2001）『会話・言語・そして可能性：コラボレイティヴとは？　セラピーとは？』金剛出版

第3章

コミュニケーションの流れが変わる会話のコツ

安江高子

はじめに

　不登校・ひきこもりの支援においては、不登校・ひきこもり状態となっている本人が率先して支援の場を訪れるのが困難な場合が多いことが、ひとつの特徴として挙げられます。誰かに相談しようとみずから動けるということは、本人の「なんとかしたい」という意欲の現れであり、状況がすでに変化しつつある兆しとみることができます。多くの場合、本人は、家族に連れられて消極的に、あるいは、出かけたがらない本人を置いて家族のみが、支援の場にやってきます。つまり、不登校・ひきこもりの支援においては、家族支援の占める割合が、必然的に高くなるということです。
　不登校・ひきこもりに悩む家族の多くは、「本人への対応方法を知りたい」という要望を携えています。家族が専門家のもとを訪れるタイミングとはどのような時かと考えれば、自分たちなりに本人への接し方を

考えに考え、試行錯誤をくり返し、それでも事態が改善せず、万策尽きた時だといえます。「家族コミュニケーションの流れが膠着した時」とも言い換えられるかもしれません。そのようなタイミングで来談した家族が、支援者に対して「具体的な対策を示してほしい」と望むのは、ごく自然なことといえるでしょう。

　不登校・ひきこもりについては、幸いなことにこれまで多くの研究が積み重ねられ、さまざまなシチュエーションにおける具体的な対応指針が示されてきています（たとえば小林[1]、斎藤[3]、田村[4]）。しかし、それらの知見を参照し、「正しい」指針を伝えたところで、家族はなかなかその通りに動けるものではありません。「対応方法を知りたい」にもかかわらず、助言を実行できないという矛盾は、奇妙に聞こえるかもしれません。しかし、これは家族の側からすれば、なんの不思議もないことです。家族がそれまでにしてきた対応というのは、破滅的な事態に陥らないよう、自分たちなりに必死にバランスをとって行ってきたものです。「毎朝、『頑張って学校に行こう』と促すたびに苦しそうな娘を見るのはつらい、そうかといって、声かけをやめることで、さらに出席日数が減ってしまうのも恐ろしい」。このような家族に対して、単に「登校刺激は本人の心理的負担を増やすのでやめましょう」と勧めたところで、受け入れがたいのは無理からぬことでしょう。

　支援を通じて家族のコミュニケーションの流れが変わるためには、専門知識に基づく助言というだけではなく、ある種の「コツ」が必要です。本章では、筆者がシステムズアプローチ（後述）の立場でかかわった家族相談の事例から、初回面接における会話を抜粋し、「コミュニケーションの流れが変わる会話のコツ」について検討したいと思います。

事　例

　プライバシー保護のため、詳細は事例の特質を損なわない程度に変更

を加えています。

〔来談者〕Aさん（40代女性、会社員）
〔主訴〕ひきこもりの弟のことで相談したい
〔来談場所と来談経緯〕私設心理相談機関。インターネットで調べて、自主的に来談。医療機関を含め、いくつかの機関に相談歴あり。「あまり参考にならなかった」とのこと。

　来談したAさんは顔色が冴えず、外見にも表情やしぐさにも、積み重なる疲労がにじみ出ていました。Aさんは一人暮らし。二人姉弟で、5歳ほど年の離れた弟は、Aさん宅からほど近い場所にある両親所有のアパートで、やはり一人暮らしをしています。両親は健在で、姉弟の家からは車などでの移動が必要な、少し離れた場所に住んでいます。
　Aさんによると、弟はもともと頭がよく、小さい頃から勉強にもスポーツにもめきめきと力を発揮する、両親自慢の息子だったそうです。大学に進学した頃から精神的な調子を崩しはじめ、数度の休学を経てようやく卒業。実家を出たのも、Aさんを相手に両親に対する恨みを口にするようになったのも、この頃です。
　卒業後はいくつかアルバイトを経験しましたが、いずれも長続きせず、以後10年近く働いていません。Aさんはこまめに連絡をとり、具合が悪そうだと家まで様子を見にいくなど、弟のことを気にかけてきました。弟にとってのAさんは、「子どもの頃から自分が苦しんできたことに気づいてくれなかった不信感はあるが、両親よりはマシ」な存在のようです。
　数年前から、弟は具合を悪くすることが増え、それに伴ってAさんの訪問頻度も、月に数回程度だったものがだんだんと増えていきました。次第に、弟はまったく外出しなくなり、ほぼ毎日Aさんが食事などを届けにいく状態となりました。両親は息子に対して及び腰で、Aさんに

「弟のことをよろしく頼む」と、全面的に頼っています。両親と連絡をとると弟の具合が悪くなるため、Aさん自身が両親を遠ざけもしたそうです。「両親も無責任ですが、私自身『自分がやらなければ』と思ってやってきました」と、Aさんは振り返ります。

さらに、ここひと月ほどの間に弟は人が変わったようになり、母親に「苦しんでいる自分を見殺しにした、何もしてくれなかった」と積年の恨みをぶちまけ、罵倒するメールを送ってくるようになりました。Aさんにも「なぜ助けてくれないのか」などと、恨みがましいメールを送ってきます。来いと言われて出かけていくと「来なくていい」、行かないと「なぜ来ない」と怒鳴り散らす。そうかと思うと突然「ごめんね」とうなだれ、ふるえる声を絞り出して「生きていても仕方ない、死にたい」とつぶやく弟。事態がここに至っても、引き続き対応を全面的にAさんに任せる両親の姿勢は変わりません。

また、Aさんが最近とくに悩んでいることとして、弟が就労に関して無理難題を突きつけてくることも挙げられます。弟はAさんに、「自分の状態を理解したうえで雇ってくれる職場を見つけてほしい」と要求します。「合った仕事さえ見つかれば、自分の問題はすべて解決する」と考えているようです。今のところAさんは弟に、「探してみるけれども、見つからないかもしれない」と、どっちつかずな返答しかできません。すると、「努力が足りない」「心配するふりをして、本当は俺のことなんかどうでもいいのだろう」と延々となじられ、Aさんは嵐が過ぎるのをただ待つしかありません。「弟のところに行くのがほとほといやになる。もう、どう対応してよいかわからない」「『あなたのような人を雇ってくれる職場なんてない』と、いっそ現実を突きつけるほうがいいのでしょうか」と、Aさんは逡巡します。

Aさんとセラピストの会話（1）

セラピスト（以下T）①：「失礼なことをうかがってしまいますけれども、

　　　　　弟さんは現実がまったくわからないような方なんですか？」
Ａさん（以下Ａ）①：「まったくわからないかというと……まったくわかっていないわけではなくて、わかっているけれども、あきらめきれないのだと思います」
Ｔ②：「どんなことを、あきらめきれなくていらっしゃるんです？」
Ａ②：「もともととても頭のよい子で、力があったにもかかわらず、思うようにならない人生でした。病気になって、やっとのことで大学を卒業して、アルバイトの仕事しか見つからなくて。『こんなはずじゃなかった』『元のレールに戻りたい』という思いは、強いと思います」
Ｔ③：「そうしますとね、先ほどＡさんが『現実を突きつけるほうが彼のためなのではないか』とおっしゃっていたのは、『元に戻るのは無理だと、今すぐにあきらめさせるべきだ』と、そういう意味だと思って大丈夫ですか？」
Ａ③：「今すぐにあきらめさせるべきかというと……私にも、彼の苦労はわかるんです。力はあるのに、不運な子だったと思いますし……本心では、彼もわかっているであろう現実を、今さら見せるのはつらいという気持ちが、私自身も強いんです」
Ｔ④：「でしたら、今Ａさんがなさっているご対応は、とても適切なのではないですか？」
Ａ④：「なぜですか？」
Ｔ⑤：「もし、弟さんが全然わかっていなくて、ともかく現実をわからせることが大事なら、『そんな仕事はないよ』と、スッパリ伝えることになると思うんです」
Ａ⑤：（うなずく）
Ｔ⑥：「でも、そうではなくて、彼もわかってはいるのだけれど、なかなかあきらめきれなくてつらいからこそ、Ａさんにあれこれ非現実的なことを言うしかないのだとしたら、弟さんに必要なのは、あきら

めるために十分に気持ちを整理する期間、ということになりませんか？」
A⑥:「ああ……」
T⑦:「ですのでね、Aさんがどっちつかずだとおっしゃった弟さんへの対応は、どっちつかずだからこそ適切というか、急に『すべてあきらめろ』と突きつけるでもなく、かといって期待させ過ぎるでもなく、ちょうどよい塩梅のご対応なのではないかと、そういう気がしたものですから」
A⑦:「じゃあ、それでよかったんでしょうか。……私のほうも、これ以上年齢が上がると就職なんてさらに難しくなるとか、弟の気持ちが『もう働けなくていい』となってしまわないかとか、気になってしまうところがあって」
T⑧:「少しでも早くあきらめがつくのを願って、現実を突きつけることも、選択肢のひとつだと思いますよ。でも、もし弟さんなりにあきらめるペースを尊重したいなら、弟さんに必要なのは、ゆっくり気持ちを整理する期間だと思います。どちらをとりたいか、これはもう、ご家族の希望次第だと思います」
A⑧:（うなずく）

この後、Aさんは、弟が気持ちを整理するペースを尊重していきたいと、はっきりと意思表示をしました。また、就職や将来に関することといった、弟にとって苦痛な話ばかりではなく、政治や経済など、彼の得意分野で気分よく話ができる話題に、積極的に乗っていくことが検討されました。

Aさんとセラピストの会話（2）
T⑨:「これは、私の考え過ぎでしたら申し訳ないのですけれども、彼があきらめるペースを尊重するとなると、彼を応援するAさんにとっ

　　　　ても、長丁場になりそうですよね」
A⑨：「そうですね」
T⑩：「それが、Ａさんにとってどうなんだろうと思って。月並みな言葉ですけれど、Ａさんにとっても、相当なご負担の年月だったろうと思うんですよ。本来、精神的な病やひきこもりの支援って、ご家族なり専門家なり、いろんな人が協力して、大変さを分け合ってこそ、やってゆけるものだと思うんです」
A⑩：（うなずく）
T⑪：「それをＡさんは、親御さんのご協力もなかなか得られないなか、ほとんどお一人でやってこられたわけですよね。さぞご負担だったろうと思って」
A⑪：「（泣）……なるべくしてそうなったとも思います。母は情緒不安定で、感情的になってあたり散らす人でした。弟に対しては、もともとできる子で期待が強かっただけに、とくに。『それでは弟がダメになる』と何度も言いましたが、母は聞き入れませんでした。なのに、こうなっても何もしない。弟には重荷だったろうと思います。父も、無口な人で、味方にはなってくれませんでしたし。彼には苦しい子ども時代だったと思います。私自身も、実家は息苦しく感じますから」
T⑫：「なるべくしてなったのだから、Ａさんが今まで通り引き受けるのはしかたがない、という感じですか？」
A⑫：「結局、弟には私しかいませんから」
T⑬：「ごめんなさい、『どうするべきか』をちょっと置いておいて、Ａさんが『どうしたいか』『どうなってほしいか』を考えてみると、どうですか？」
A⑬：「……弟のところに行かないで済むなら、行きたくない。もっと少なくしたい」
T⑭：「どのくらいに？」

A⑭:「せめて、1日おきくらいにしたい」
T⑮:「そうするわけには、いきませんか？」
A⑮:「……行かなくなると、次に行った時に、また罵詈雑言を浴びせられるんじゃないかとか、弟が私にも見放されたと思って、本当に死んでしまうのではないかとか、考えてしまって」
T⑯:「ですよねえ。なら、やっぱり今まで通りで？」
A⑯:「……あんまりつらくなると、『もう行きません』となってしまいそうですけど」
T⑰:「それじゃ、それこそ弟さんには大ショックじゃないですか」
A⑰:「そうですね（泣笑）」
T⑱:「ちょっと勇気がいることかもしれませんけれど、少し減らしていけるように、考えていきません？　長い息で弟さんをサポートしていきたいからこそ、Aさんの持久力が保てるようにすることも、大事だと思いますよ」

　この後、Aさんは弟宅への訪問頻度を「2日に1回程度に減らしていきたい」と、きっぱりと述べました。そして、「今日は疲れて限界なので、寄らずに帰る」「また行くからね」といったふうに、弟には自分の気持ちを正直に伝えてみる方針が検討されました。
　初回面接後も、Aさんは定期的に来談し、弟への対応や両親との関係、弟を支援機関につなげる方法などについて、相談するようになりました。弟の暴力的な言動や無理な要求は、次第におさまっていきました。また、Aさんは「両親には、弟にかかわることまでは期待しないが、せめてもう少し理解してやってほしい」と述べ、どのように両親に理解を求めていくかが、話題のひとつとなっていきました。

考　察

なぜ家族のコミュニケーションが変わるのか——「システム」というものの見方

　本事例では、次第に弟の様子が落ち着いてゆき、Aさんと両親との関係も、徐々に変化していったように見えます。どのような要因が、この事例を動かしていったのでしょうか。

　会話（1）の、「弟の無理な要求への対応」について話し合われた場面を例に、考えてみます。Aさんは、セラピストとの会話を通じて、「現在の自分の対応は適切だ」と、次第に納得していきました。この納得感をもって面接を後にしたAさんが、次に弟の前に立った時、どんなことが起きるかと想像してみます。

　「自分はうまく対応できない」と感じ、おろおろしながら弟に接するのと、「適切に対応できている、大丈夫」と信じ、ドンと構えて同じことを言うのとでは、弟が受ける印象はずいぶん違ってくるのではないかと思われます。おそらくは、姉の頼りなさに対する怒りと、自分が彼女を苦しめているという罪悪感との板挟みゆえに、暴言を吐き、なじり倒すしか術がなかった弟の反応も、変わってくるのではないでしょうか。つまり、セラピストとの会話を経て、Aさんが弟に対して発するコミュニケーションが変わり、Aさんが発するコミュニケーションが変わったことで、弟も含めた家族全体の動きにも変化が生じたと考えることができます。

　このことは、「システム」という概念を導入すると、理解しやすくなります。システムとは、「互いに影響し合う部分同士からなる集合体」のことです。システムズアプローチをよりどころとする支援者（セラピスト）は、支援に関して生じるあらゆることがらを、システムとして見なそうとします。父、母、子という「部分同士」が影響し合うさまを「対象（家族）システム」として捉えることもできますし、そこに支援

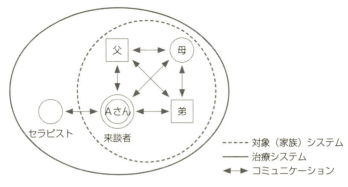

図3-1　対象（家族）システムと治療システム

者自身による影響を含めれば、「治療システム」を観察していることになります（図3-1）。

　ここで、とくに大切な点として強調したいのは、システムとは支援者が「見なす」もの、つまり実在ではなく、支援者の頭のなかに生じる認識だということです。認識ということは、支援者の任意に、時空を超えて、あらゆるものごとをシステムに含めることができるということです。日常的に接している人同士だけでなく、遠方の親類も、外国にいる友人も、ペットも、アイドルも、亡くなった人も、神仏も、時には植物や無機物さえも、支援者が「影響し合っている」と見なす存在はなんであれ、システムのメンバーになり得ます。だからこそ、支援者は目の前にいる来談者だけでなく、会ったことのないその家族とも、治療システムを通じてつながり、「影響し合える」と信じて、支援に臨むことができるのです。

　支援者は、支援の場を訪れた人とだけしか、直接的にやりとりをすることはできません。しかし、システムというものの見方を携えているかぎり、ひきこもりや不登校の当事者が支援の場に現れにくいという現実は、支援者にとってなんら悲観することでなく、支援の手立てを阻むものではありません。支援者に必要なのは、来談者が今までとは何か違っ

た行動を起こしてみようとする意欲を高め、「システム」に変化が呼び覚まされる可能性が高まるようなコミュニケーションを、来談者との間で工夫することといえるでしょう。

コミュニケーションが変わる会話のコツ——「関係性」と「フレーム」

では、来談者が今までとは何か違った行動を起こしてみようとする意欲を高めるような治療的コミュニケーションとは、どのようなものでしょうか。会話（2）を例に考えてみます。

Aさんとセラピストとの会話は、結果として「弟を訪問する回数を減らす」という対策に行き着きました。このように、暴力的言動に対して距離をとることは、適切な対応指針として、ひきこもりに関する専門書でも推奨されているものです。しかし、セラピストは、セラピスト自身があらかじめ知っていた専門知識を引っ張り出して、Aさんに助言したわけではありません。セラピストが参照し、発話のよりどころとしていたのは、ひとつにはAさんと家族との「関係性」であり、もうひとつはAさん独自の、ものごとに対する「フレーム」です。このことについて、次にくわしく検討します。

（1）来談者をとりまく「関係性」をみること

システムズアプローチによる支援者は、「問題」と「関係性」とを常にセットで考えます。関係者同士が特定の関係性を保ち続けているからこそ、問題が維持され、また、問題によって特定の関係性が維持されやすくなる、と考えるのです。

Aさんと弟との関係性について、具体的に考えてみます。Aさんの挙げていた問題のひとつに、弟が就職に関して無理な要求を訴えてくることがありました。この「問題」を維持している「関係性」としてセラピストが想定していたのは、図3-2のような「パターン」です。ここでは、弟の要求に対してAさんがおどおどした態度で返答することが弟の焦燥

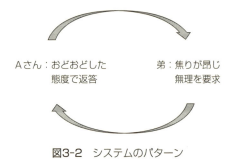

図3-2　システムのパターン

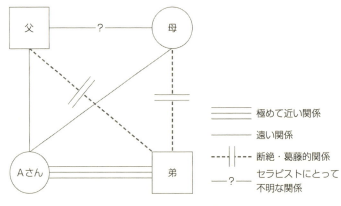

図3-3　システムの構造

感をあおり、弟がさらに要求をくり返すという構図が想定されています。
　また、セラピストは、図3-3のような「構造」も思い浮かべていました。Aさんと弟の、密着し絡み合った関係。対照的に、両親と弟との、断絶し葛藤に満ちた関係。Aさんと両親との希薄な関係。全体として、姉弟の強い結びつきに偏り、親と子との世代間で関係が隔てられた、アンバランスな構造が浮かび上がります。これらのパターンや構造をもとに、セラピストは「弟に対するAさんの返答のしかたが変わるような働きかけができるとよいかもしれない」「Aさんと弟との関係に、もう少し距離ができるとよいかもしれない」「両親と姉弟との関係が、もう少し近づけるとよいのだろうか」などと思案しながら、面接を進めていた

といえます。

　注意したいのは、これら関係性を表す概念には、セラピストをして「このパターンが諸悪の根源だ」「病的な構造だ」といった、関係性を問題視する思考へと惹きつける引力があることです。このことは、パターンの一面を示す用語として「悪循環」が挙げられることにも象徴されます。このような思考は、ともすると支援者に、来談者が「そうせざるを得なかった」事情への配慮をなおざりにさせがちです。くり返しになりますが、来談者のそれまでの行いとは、来談者なりに事態を改善しようとしてきた、最大限の努力の現れです。その努力に対する敬いや共感なく、やみくもにパターンや構造を変えようと志向しても、たいていうまくはゆきません。

　関係性を表す概念が有益なのは、むしろ「変化の可能性がどこにあるか」を、支援者に示してくれる点だと考えます。「関係者同士が特定の関係性を保ち続けているからこそ、問題が維持される」ということは、その関係性に変化が生じることが、問題解決の糸口になるということです。現在の関係性は、どのようになっているのか。現在の関係性のどの部分が、将来どのように変化する可能性があるか。関係性の「ビフォー＆アフター」を、支援者の心中で時に修正、変更を加えながら、はっきりと意識して支援を続けること。それは、大海原に船を漕ぐ者にとっての羅針盤のように、支援者を導き支えます。

　このように、関係性を「問題」としてみるか、「変化の可能性」としてみるかの違いは、ちょっとしたようでいて、実は非常に大きなものです。その差は、支援者の態度に現れます。前者は、ともかく現状を変えることにこだわり、拙速に事を進める支援者の態度を招きがち、といえるでしょうか。来談者が、「このセラピストは十分に話を聴いてくれない」「あまり理解してくれていない」と感じかねない態度かもしれません。対して後者は、目標とする変化を頭の隅に置きながらも、それがあくまでも「可能性」であるだけに、まずは目の前の会話への注力を支援

者に促します。自然、来談者の考えや心情の細部に立ち入ることが増え、目標とする変化と直接には関係なく思える話題も増えるかもしれません。一見、回り道のようでありながら、来談者をしっかりと理解し、相手に合った言葉や内容を慎重に選び発する支援者の提案は、結果的に来談者の得心につながりやすいように思います。

（2）来談者の「フレーム」を尊重すること

「関係性」とならび、セラピストが参照していたのは「フレーム（frame）」です。フレームとは、ひとことで言えば、ものごとに対する意味づけのことです。セラピストは、Aさんの話を「ただ聴く」ことはしていません。Aさんの発話が「何を意味しているのか」を、常に考えながら会話しています。

会話（1）を例に考えてみます。当初Aさんは、弟の行動に対する「困惑」や「嫌気」について語っているように思われました。ところが、A③の発話になると、弟への「同情」というフレームが見え隠れしてきます。さらに、A⑦の発話からは、現状が長引くことに対する「焦り」のフレームも浮かび上がってきます。つまり、ここまでの発話を通じてAさんは、「私は弟に対する相容れない気持ちの間で揺れ動いています」と訴えているものと、意味づけることができます。

T⑧でセラピストは、「現実を突きつけるもよし、相手のペースを尊重するもよし」と、どっちつかずな返答をしています。これは、「揺れ動いている」というAさんのフレームをセラピストが想定し、そのフレームに合わせた言葉を選んだ結果といえます。もし、セラピストが、単に「現実を突きつけるべき」とだけ、あるいは「弟のペースを尊重すべき」とだけ伝えた場合と比べて、Aさんの受ける印象はどうでしょうか。セラピストの提案への納得感や、「理解してもらえている」という感覚が、より強まりはしないでしょうか。

「関係性」をみることによって変化の道筋を見据えながら、来談者の

「フレーム」を尊重して言葉を選び、紡いでいくこと。それが「コミュニケーションの流れが変わる会話のコツ」といえるのではないでしょうか。

おわりに

　面接を終えて来談者を見送る時、「結局、セラピストの私はいつも安全な場所にいる」という後ろめたいような感覚に、しばしばとらわれます。どうすればよいと、助言するのはたやすいことです。「そんなことをしては、ひきこもっている本人の信頼を失ってしまうのではないか」「またひどく暴力をふるわれるのではないか」。自分の行動の結果がどう出るかわからない不安や恐怖と闘いながら、ひきこもりや不登校の当事者と最前線で向き合うのは、常に来談者であるご家族です。

　「変わること」には、多かれ少なかれ、恐れが伴います。来談した人の胸に、変化へと足を踏み出す勇気が芽生えるような働きかけとは、どうすればできるのか。あらかじめ蓄えた専門知識という「安全」から離れ、正解のみえない、定まらない感覚を抱えながら、来談者一人ひとり、その場その場の要請に合わせた動きができるよう、自分自身が変わり続けようと努めること。それが、私たち支援者にできる「会話のコツ」なのかもしれません。

［文　献］
（1）小林正幸（2003）『不登校児の理解と援助：問題解決と予防のコツ』金剛出版
（2）東豊（1993）『セラピスト入門：システムズアプローチへの招待』日本評論社
（3）斎藤環（2002）『「ひきこもり」救出マニュアル』PHP研究所
（4）田村毅（2014）『ひきこもり脱出支援マニュアル：家族で取り組める実例と解説』PHP研究所
（5）吉川悟（1993）『家族療法：システムズアプローチの〈ものの見方〉』ミネルヴァ書房
（6）遊佐安一郎（1984）『家族療法入門：システムズ・アプローチの理論と実際』星和書店

第4章

回復を支える自然的志向とバリデーション

田中　究

「よい方向にいくと思いますよ」
　初回面接が終わり、両親を見送るために椅子から立ち上がりながら、ひとりごとのように私は言いました。両親は、少し困ったような笑顔を浮かべました。しかし、面接のなかで受け取った家族のありようから、私には予感があったのです。

　本章では、自然的志向（naturalistic orientation）とバリデーション（validation）を取り上げます。解説は後回しにして、まずは事例をみていきましょう。以下は、来談者が高校3年生で不登校状態となってから大学に合格するまでの、全24回の面接記録になります。

事　例

　山口俊さん（仮名）はすらりとした色白の好青年。父親は単身赴任中

で、母親、大学生の兄と3人で同居しています。中高一貫の名門進学校に通い、部活動に打ち込む日々を送っておりました。高校3年生の5月に部活を引退すると、それまでまったく取り組んでいなかった受験勉強をするために、大手予備校に通うようになります。

ところが、8月になると布団のなかで丸まって「自分はどうせクズだ」などとこぼすようになり、勉強ができなくなりました。卒業するために最低限学校に顔を見せるほかは、登校もしなくなりました。やがて「死にたい」と言うようになり、心配した父親が勤務先企業内のカウンセラーに相談、本人が来談可能な場所として私が在籍する私設心理相談機関を紹介されたのです。両親で来談されたのは、俊さん高校3年生の1月末のことでした。

第1期：自責感と後悔に彩られた時期（第1回〜第3回）
第1回（1月31日）
　上記の経緯を説明しつつ、両親は俊さんがこのままひきこもってしまうのではないか、と心配しておりました。「表に出ないで家で過ごす、その習慣によってひきこもるのではなく、精神的に追い詰められた結果、気力を失って外に出られなくなるのが、大ざっぱではありますが、社会的ひきこもりです。そうならないようにしていきましょう」という説明を行うと、両親は得心のいった様子。少しの心理教育的内容でも安心感につながることがあるようです。

　俊さんが嫌がらなければ、次回面接にお誘いいただけないかと両親に依頼し、初回面接は終わりました。

第2回（2月14日）
　2週間後、母親に伴われて俊さんは来談しました。個人面接を希望したため、母親は待合室で待機。部活の話や、好きだというマンガ、ゲームの話、それらは俊さんの小さな声で静かに進みます。

Cl（俊さん）：「頭のなかは、絵の具がぐちゃぐちゃした感じ。去年の８月から、勉強に没頭できない自分を責めてました」
Th（私）：「もしかして、自分に厳しいタイプなんですか？」

　この時、俊さんだけでなく、実は私も消え入りそうな声を出しています。上記のように活字にすると、クリアに発音しているように見えますが、実際には「厳しいタイプなんですか？」というふうに、意図的にモゴモゴと発音しています。語尾を濁し、最後の部分はおそらく聞き取れないくらいの音量になっています。

　ぐちゃぐちゃで、混沌とした世界。俊さんが表明したのは、そのような場所に彼がいるということでした。それだけでなく、私自身の表現においても、強さや明確さを避け、曖昧にする。私がそう振る舞うことは、俊さんからの要請であると感じました。

　俊さんは面接の継続を希望しました。母親との情報共有は可、とのことで、本人面接→それを踏まえたうえで母親面接、という流れができました。

　さて、俊さんが退室し、母親が入室します。母親は「息子はどうでしょうか？」と、前のめり。セラピストは応じる必要があります。まだ大まかな理解にとどまりますが、「俊さんは、昨年勉強をやめたことについて、自分を責めてしまい、今後のことを考える力が残っていないのだと思います。まずは自責感を緩和して、エネルギーを溜める、それには話をすることが役立つかもしれません」と伝えると、母親も面接の継続を望みました。急いで医療機関を受診する必要はなさそうです。まずはカウンセリングのみで様子をみることになりました（結局、医療機関を訪れることはありませんでした）。

　最後に「私は何をすればいいでしょうか？」との申し出が母親からありました。「さしあたっては、付き添いをお願いします」と私は依頼しました。こういう時に、俊さんの意向を確認せず、場当たり的に助言を

してしまうのは得策とはいえません。だからといって「何もしなくていい」では、せっかく表明していただいた母親の意欲は行き場を失います。付き添いは、本人が安心して話せる状況を作る大事な役割であり、かつ母親がすでに行っていることなので、この場面では比較的安全な応答であると判断しました。

第3回（2月24日）
　俊さんとの面接で語られたのは、予備校のスタッフが親切にしてくれたのに、受験を放り出してしまった後悔についてでした。そうした情報をもたない母親にとって、俊さんの様子は「反抗期」に映っていたようです。母親面接で私は「誰かに反抗しているというより、俊さんは自分のなかの申し訳なさと戦っているように感じます」と伝えました。

第2期：意欲が上下する時期（第4回〜第11回）
第4回（3月4日）
　3月になりました。卒業式のシーズンです。暗い気分にはならず、心配ごとは卒業式で吹っ飛んだ、と俊さんは晴れやかに言います。ですが、つかのま伏し目がちになるのが気になります。

　Th：「よかったですね。ところで、それは好ましい変化だと思っていいですか？」
　Cl：「気分は楽になったけど、ただ受験とか、何を食いぶちにするのかとか、将来のことを考えてしまうので、充実しているというわけでもないです」

　俊さんは不安そうでした。
　「よい変化」が語られた時には、より慎重な態度をとります。良好な変化にセラピストが飛びつくことは、「もう支援の必要はない」「このま

ま改善し続けなくてはならない」といった意味として受け取られ、俊さんに疎外感やプレッシャーをもたらす恐れがあります。晴れやかな気持ちに不安が同居している、そのどちらも出せるほうが、本人の気は楽になるでしょう。

母親面接では、「私たちが否定したから、息子も自己否定するようになったんですか？」との質問。経過を確認すると、以前は俊さんが自己否定をするようなことはなかった、ということでした。「昨夏の受験勉強によるところが大きいのではないでしょうか。育て方を否定するのはやめてくださいね」と伝えると、母親は涙を拭いました。少し安心したようにも見えました。

ブリーフセラピーでは、原因と結果は、つながりのないものとして捉えることがあります。その認識を用いて、母親が根拠なく自信喪失する事態を避けようとする発言を、私はしています。

第5回（4月7日）

新年度の始まりです。世間はさしずめ「前進モード全開」で、俊さんは重圧を感じているようです。

Cl：「停滞しているのが一番楽です。友人関係、仕事、恋愛……世の中いやなことが多すぎます。諦観があって、自分にも他人にも期待していない。感情が『つぎはぎだらけ』。動けという社会からの圧力に適応できない、というか」
Th：「停滞、はよくないと感じているんですか？」
Cl：「……老いもあるし。寝て起きた時、自分がなくなっていれば一番楽です」
Th：「どのへんが楽になるの？」
Cl：「え？」
Th：「いえね、俊さんにとって『楽』って何なのかなって思って」

Cl：「しがらみからの解放かなあ」

　「自分がなくなる」のくだりはドキッとしますが、そんな時こそスムーズに会話を続けます。それは、「破滅的な発言をしても、セラピストを傷つけることにはならない」という、来談者にとってのある種の安心感につながるかもしれません。

Cl：「周りの人は、僕みたいにくよくよしていない」
Th：「俊さんは、『くよくよ』してるの？」
Cl：「本当はいろいろと試せると楽なのかもしれない」
Th：「じゃあそれをくよくよが、ぷよぷよ、みたいだけど（笑）、縛ってるのね」
Cl：「はい（笑）」
Th：「時間ですね。また今度、続きをいたしましょうか」

　このくだりは、問題の外在化技法（補章参照）を念頭に置いています。「くよくよ」に対する免責性を期待してのことです。「ぷよぷよ」はその潤滑油といったところです。
　最後の部分は「いたしましょう」とわざとぼかしています。「考えてみましょう」と言いたくなるところですが、「考える」という語は、一見普通の動詞のようでいて、俊さんにとって、「過去の失敗について考える」という意味合いと容易に結びついてしまいそうだからです。

第6回（4月15日）、第7回（4月22日）
　俊さんは「ある動画を視聴したことがきっかけで、こういう状態になってから初めてやる気が湧いてきた」と述べました。しかし、よく聞いてみると、「でも、社会からの圧迫感を感じて、どうせ自分なんか何もできない、とやはり考えてしまう」とのことです。

母親からは「家族と話してみたいことがあるか、本人に訊いてほしい」という要請がありました。俊さんは家族とともに食卓を囲みはするものの、会話をすることはほとんどなく、また多くの時間を自室で過ごしているようです。俊さんの答えは「現状のままでいい」。申し入れを断られ、母親はやや肩を落としておりました。私は「やる気が出る時が出現してきましたね」と変化した部分を指摘しておきました。

第8回（5月2日）
俊さんは、これまでにない様子で落ち込みを示します。

Cl：「ここのところ、ズンと落ちている。ネガティヴで投げやり。後ろめたい。最近は死んでしまおうかと思っている。受験勉強、根性で暗記すればよかった」
Th：「根性でなんとかなるものだったの？」
Cl：「『暗記すれば、できるようになる』と予備校で繰り返し言われた。でも、やってもやっても『大海の一滴』という感じで、進んだ気がしなかったです。スタートラインがみんなより後ろだったし」
Th：「それは、やる気を出しづらいセッティングだったろうね」
Cl：「自分は変な生徒で、基礎がないのにトップレベルを目指していた」
Th：「基礎がないのにトップレベルを志向する、というのは、さぞ勉強していて戸惑いがあっただろうね。それに対するケアが予備校側でできていなかったのかな」
Cl：「あまりよく調べずに予備校に入ったのもよくなかったです」
Th：「それで死んでしまおうかと思っている？」
Cl：「自殺は周りに迷惑をかける。自分勝手なやり方。本当に計画しようとはしていないです」

自殺を遂げたいというより、それくらい自分を責めている、というこ

とのようです。そのことを確認できてややホッとはしたものの、どうやら自責が止む様子はありません。そこで最後に私は、この面接で間接的に示してきたことを、ハッキリと伝えます。

　　Th：「昨年８月に勉強ができなくなった件、予備校が俊さんに対して適切なディレクションをできていなかったんだと思うよ」

第9回（5月2日、両親のみ）
　さて、この日はゴールデンウィーク中ということもあり、単身赴任から一時帰宅していた父親が母親とともに来談し、両親面接を行いました。
　時間をかけてじっくり回復するべき、という父親に対して、母親は、時間がかかるとリカバーしにくくなる、と言います。私は「今の時点ではどちらかの意見に偏るのは早計でしょう。焦らず、かといって立ち止まるわけでもなく、ご両親はバランスが取れていると思います」と伝えました。両親が安心できることも意図してはおりますが、私の率直な意見でもありました。
　「本人にとって、カウンセリングが救いになっているんでしょうね」と父親。「だといいんですけどね」と私。

第10回（5月13日）、第11回（5月19日）
　Cl：「暗くはないです。でも、何かをやろう、という気分でもないです。職業には結びつかないんですけど、物語や文章を書くのが好きで。小学生の頃、作家になりたいと思っていました。今、原点に戻ってきている感じです。親の蔵書がたくさんあったので、いろいろ読んでました。宮沢賢治、太宰治、夏目漱石」
　Th：「芥川龍之介とかは？」
　Cl：「それは、教科書のイメージがついちゃってて、ちょっと違うんですよね」

話の内容は「やりたいこと」。意欲が出てきたことをうかがわせます。それよりも、今回私が、おや、と思ったことがあります。それは、これまでにみられなかった、私の発言に直接、異を唱えるコミュニケーションが出現したことです（芥川龍之介のくだり）。

ブリーフセラピーでは「コンテンツとコンテクスト」という区別をすることがあります。ここでは、話の内容（コンテンツ）だけでなく、話の仕方（コンテクスト）の変化から、反論するだけのエネルギーが俊さんに蓄積してきているのを感じたのでした。

母親にそうした印象を伝えると、少し安心した様子。同時に、「水を差すようですが、また『波』が来て落ち込むことがある、そのつもりでいてください」と伝達しました。悪化の予告があることで、かえって落ち着いて、落ち込みを受け入れることができるようです。

第3期：受験に向けて動き出す時期（第12回～第17回）

第12回（5月26日）

俊さんからは活気のようなものを感じます。「昼夜逆転が直ってきた。筋トレを始めた。何かをやっている達成感がありますね。気分が明るく、将来に向けてどうするかを前向きに考えている」。第4回や第7回と同様、改善を示す発言には、ワンクッションを入れます。「そのお話の続きでよろしいですか？　それとも他に懸案事項がありますか？」と確認すると、俊さんは以下のように答えます。

Cl：「これまでは観客席から試合を傍観している感じだったけど、スタート地点に行きたいです。ただ、突然何かができるようになるとも思えなくて。この生活で落ち着いちゃっているので、動くきっかけがあるといいです」

これまでとは反応が異なり、動きだしたいという着実な意思が感じら

れたため、そのまま話を進めることにしました。今度こそは自分に合う予備校を探したいとのこと。母親は「へえええ！」と俊さんの変化に驚いておりました。

第13回（6月3日）、第14回（6月10日）、第15回（6月17日）
　俊さんは久しぶりに髪を切り、引き続き「前向きに」過ごします。将来はライターの仕事をしたい、そのために文学部に入学したい、と希望が明確に語られるようになっていきました。
　ただし、現実面で大きな動きはありません。受験勉強の仕方について誰に相談するか、検討が行われた結果、親にも予備校を探してもらう手筈となりました。

第16回（6月23日）
「ちょっと、私だけいいですか？」
　冒頭で母親から、個人面接の申し入れがありました。これまでになかったことです。私は「何事だろう」と、少し緊張しながら話をうかがいます。母親によると、母親が集めた予備校情報を俊さんに伝え話をしようとしたところ、俊さんが不機嫌な様子になったとのことです。
　（しまった）、私は心のなかで反省しました。母親に予備校探しを依頼すれば、家庭内でその件についての相互作用が生じることは、当然想定しておくべきことでした。にもかかわらず、考えが至らず未対応だったのです。
　幸いなことに、そのことが俊さんに何か決定的な影響を与えたわけではないようでした。私は「今日の面接では、母子間の相互作用について、明確に取り決めをする必要がある」と胸に期したのでした。
　俊さんは、進学について、高校の相談員には在学時に相談したことがあるので、話を聞いてみたいそうです。また「高校の相談員に卒業生でも相談できるか、親に確認してもらうのが手っ取り早いかも」と述べま

した。

　（ここが大事だ）、私は集中します。

　Th：「今、お母さんに同席してもらって、ちゃちゃっとお母さんに伝えて、
　　　　段取りを共有しておかない？」
　Cl ：「それはちょっと……」

　今まで家族合同面接をしておりませんし、俊さんが躊躇するのはもっともなことです。

　Th：「家に帰ってから、余計なことをいろいろ聞かれるかもしれないじゃ
　　　　ない？　『あなたはどうしたいの？』とかさ。今、バシッと決めてお
　　　　けば、そういうこともないかな、と思ってさ」
　Cl ：「うーん……じゃあ、今話をしておきます」
　Th：「OK。じゃあそうしよっか」

　了解がとれました。母親に同席を求め経緯を伝えます。

　母親：「高校に相談に行くのね？　そうすると、あなたと先生の予定合わ
　　　　せはどうしたらいいかしら。問い合わせする時に俊も一緒にいたほ
　　　　うがいいのかしら（と俊さんのほうを向いて問いかける）」
　Th ：「（割り込んで）ごめんなさい、というよりも、まず高校に相談が可
　　　　能か、確認だけしてほしいんです」
　母親：「ゆるい学校なんで、大丈夫だと思いますよ」
　Th ：「わかりました。まず確認だけしていただいて、その結果を俊さん
　　　　に伝えてください」
　母親：「わかりました」

家族システムを考慮しながら行う面接では、特定の援助的意図に基づいて、セラピストが家族のコミュニケーションをブロックすることがあります。今は、親子で話し合えるようになることが先決なのではありません。俊さんが求めている「高校への問い合わせが実現すること」、これが目下の重要事項です。その際、母子間に不要な葛藤が起きるのは避けたい。

　ですから、母親には、アナログ的な、解釈の余地がある依頼をするのではなく、デジタルに、高校への問い合わせだけを行ってほしい、という要請を明確に伝達することになります（コミュニケーションのアナログ／デジタルについては「MRIコミュニケーション公理[6]」を参照）。

　両者の関係がより険悪な場合、問い合わせ結果を面接中に報告してもらう、という選択肢も考えられましたが、そこまですることはなさそうだ、と踏んでおりました。

第17回（7月1日）

　母親は取り決め通り、学校に問い合わせをしてくれました。その結果、卒業生でも相談に乗ってもらえることがわかり、俊さんにそう伝えられました。にもかかわらず、まだ相談に行っていないようだし、イライラした様子だと不安そうな母親。

　俊さんに尋ねると、「どうやって高校に予約の連絡をするかで頭が一杯」、とのことでした。しかし、「高校への連絡に関して、今検討したいことある？」と尋ねると「特にない」と言います。本人の意向に背くようなお節介はしません。私はさらっと「了解です」とだけ述べ、本件について俊さんに下駄を預けることにしました。

　高校への連絡という、何気ない行為に思えることでも、今の俊さんにとっては葛藤含みである、そのことを母親に伝えると、母親は溜息をつきます。高校への連絡を済ませ、一刻も早く勉強を再開してほしい、昨年のような思いはしてほしくない、そんな心境だったのかもしれません。

状況が動き出した時に、「頼むからこのままうまくいって！」と願うのは人情というものでしょう。同時に「私が焦っちゃダメだ」と母親が自身にブレーキをかけていることも、伝わってきます。相反する気持ちを抱えながら、そして父親が単身赴任で不在のなか、母親は俊さんと接しているのです。
　そんな勘ぐりをしながら、私はにっこり笑って「そりゃ、焦りますよね」と言いました。母親は「（学校への連絡等々本人に言いたいことを）飲み込んでます」と苦笑い。「でも、こうして面接の後に息子の意向を聞けるので、それで保ってます」。「それくらいしかできなくて、すみません」と私。セラピストと母親は、互いに励まし合うのでした。

第4期：予備校選択のジレンマから抜け出す時期（第18回～第24回）
　第18回（7月6日）、第19回（7月15日）、第20回（7月29日）
　この間、無事、高校の相談員のもとに赴くことができた俊さんは、志望大学について、より具体的に考えられるようになり、予備校の選定に入ります。大手予備校か、はたまた個別指導塾か、おおいに悩みます。俊さんは述懐しました。「去年は気負ってました。自分を追い込んでいやになっていた。息抜きをしながら気負わずに勉強すれば、受験まで保てる。去年の経験を活かしたいです」。それを私から伝え聞いた母親は、「へえええ‼」と俊さんの「成長」にまたもや感嘆したのでした。

　第21回（8月4日）
　とはいえ、時は8月。「目標は定まったので早く勉強に取りかかりたい、しかし昨年の経験から予備校選択は慎重に行う必要がある」という悩みは1ヵ月にわたって続いております。俊さんは焦りを募らせ、また決められない自分を責めておりました。私は次のように伝えました。

　Th：「昨年の経験を活かして、予備校を慎重に選ぼうとしていて、それは

とてもいいことだよね。だからこそ、すでにこれだけ慎重に検討している時点で、昨年に比べて俊さん自身、ずいぶん『バージョン・アップ』していることになるんじゃない？　だから、今どんな決断をしたとしても、昨年と同じことにはならないんじゃないかなーと思ってさ。少し、バージョン・アップについて、思いを巡らせてみる、っていうのはどうだろう？」

　私はここで、「決定できないことは問題である」という俊さんのフレームを、「決定できない（くらいきちんと検討する）ことは成長の証である」に言い変え、「どのような選択をしても問題になり得ない」という見解に接続しています。
　「もう少し気楽に考えてもいいのかもしれない。囚われ過ぎていたかもしれないです」。私の欲目でしょうか、俊さんの表情は心持ち軽くなったように見えました。

第22回（8月18日）、第23回（8月25日）
　この間、部活の保護者ネットワークから入手したという予備校情報を、母親は俊さんに提供。見学を経て、俊さんはその予備校に通うことを決めました。第21回面接までの逡巡を思うと、ずいぶんあっさり決めたなあ、という印象です。今後しばらくは受験勉強を頑張ってみたい、ということで面接はいったん終了となりました。

第24回（翌年3月2日）
　さて、時は流れて、約半年後。突然予約が入りました。第一志望の難関大学に合格した由。半年という短期間ですから、俊さんの実力がうかがい知れます。感心する私をよそに、すでに俊さんの目は大学進学後に向いているようでした。
　「カウンセリングは何かの足しになった？」。僭越ながら尋ねてみると、

「ひとりで考え込んでいると毎日がマンネリ化して虚しくなる。心情を吐露すると気持ちが整理でき、最悪の気分から離れられる感じがした。鬱々とした気分が減ったので、やりたいことが見つかった。大事な経験だったかなと思います」とのこと。

最後の母親面接。私は「最初によい方向にいく、って言ったでしょ？（笑）」などと軽口を叩きます。そんな、カウンセリングらしからぬ発言を混ぜておくのは、来談者や家族の自律性促進を意図した、終結期のブリーフセラピー流スパイス。母親、「覚えてますけど、当時は暗雲が漂っていて」。私、「お母さんがいろいろ我慢したのがよかったね」。そして、面接は終了となりました。

考 察

ブリーフセラピーは、短期療法と訳されることがあります。「短期？20回以上面接をしていて、目鼻がつくまでだって、半年以上かかっている。全然短期で終わっていないじゃないか」と思われるかもしれません。

しかし、ブリーフセラピーとは、長期にわたるセラピーが当然視されていた時代に、そこにあぐらをかかず、より効率的にならないものかと、セラピーを見直そうとしたムーブメントだったと考えることができます。ですから、「過不足のないセラピー」くらいが実像に近いのだと思います。

先鞭をつけたうちの一人は、ブリーフセラピーにおいて重要な役割を果たしたアメリカの精神科医、ミルトン・エリクソンです。自然的志向はまさにエリクソンが強調した姿勢でした。

自然的志向とは

自然的志向を理解するには、エリクソンによる「馬の逸話」が助けになります。[5]

エリクソンは高校生時代、迷い馬を見かけます。エリクソンがその馬に乗ると、馬は走り出し、やがて農場へと帰り着きました。よくここがわかったな、と驚く農夫に、畑のなかに入りそうになった時だけ、馬に道を走っていることを思い出させただけで、農場の場所は「馬が知っていたんです」とエリクソンは言ったのでした。心理療法とはそのように行うもの、ということです。

ひきこもり臨床にひきつけていうと、どの道筋を通って、どんなスピードで、どこに向かうのか、それを来談者は「知っている」、という前提で面接を進めることになるでしょう。来談者に備わっている自然な健康さを引き出し、障害となるものを時折取り除く、それがセラピストの仕事となるわけです。

自然的志向を臨床実践に加味すると

ですから、セラピストは繰り返し、来談者の意向を確認します。検討することがあるのか、ないのか。自力で解決するのか、助力が必要なのか。本事例では、高校への問い合わせは、母親に依頼することになりましたし、高校の相談員への連絡は、俊さん自身がクリアしました。傍からはじりじりとした進行具合に見えたとしても、それが彼のペースだったのでしょう。

加えてセラピストは、来談者が「畑」に入らないようにする、つまり、より負荷がかからないように進んでいくことはできないか、勘案します。たとえば、初回面接では、心理教育的なかかわりを通じて、家族から過度の心配を取り除こうとしています。家族の不安が軽くなることで本人が動きやすくなる、というのは家族システム論が古くから示している知見です。第2回面接では、私はみずからの発話を曖昧にしました。第16回面接では、俊さんと母親の不要なトラブルを避けるべく、方針が明確に共有されるよう働きかけています。これらは、俊さんがスムーズに話したり動いたりすることができるよう、意図したものでした。

バリデーションの2種

　ひきこもる本人には、エネルギーが潜んでいる。それは、何らかの要因に阻まれて、現れてくることができないでいる。何が邪魔するのかといえば、少なくともその一部には「自分はだめな人間だ」「あの時こうすればよかった」といった自責感や後悔があるでしょう。

　そんな時、セラピストが採りうる選択肢のひとつがバリデーションです。バリデーションには「承認」「認証」「有効化」などの訳語があてられており、意味するところや使われ方は時によって異なります。ダンカンらはカール・ロジャーズとの関連で論じていますし、リネハンは境界性パーソナリティ障害に対する重要な戦略として掲げています。[2][3][4]しかし、ここではその詳細を論じることはできませんので、以下では単純化を恐れず、ひきこもり臨床にかかわるバリデーションの切り口を、ふたつに絞ってみます。

　まず、来談者の関心事や意向などを、そのまま肯定すること。場合によっては、セラピストの表情や仕草だけで、何も言わずとも来談者が肯定されたと感じることもあるでしょう。

　次に、セラピストが来談者の経験を、病的なものではなく道理にかなったものとして能動的に位置づけること。これは、「名誉回復」のようなニュアンスを伴います。

　例を挙げましょう。小学生時代から長年にわたり、周囲から罵倒を受け続けてきたという、中年期のひきこもり女性とのやりとりです。

Cl：「いじめられる理由はわからないけど、私に問題があるんだと思います。どこでもいじめられてきたから」
Th：「ひどい人ばかりが周りにいたのですね」
Cl：「見た目もそういう感じじゃないですか。暗い顔をしているし」
Th：「見た目で判断するような人たちに囲まれていては、暗くもなるでしょう」

セラピストは来談者の心理的要因ではなく、そうした状態にならざるを得なかった、環境要因、条件面に着目します。ありていにいえば、「あなたに落ち度はない、まわりに問題があった」ということです。
　心理的葛藤を、内的ワークによって横断し、乗り越えることが目的として共有されている面接では、こうしたかかわりは来談者の思考の深化を妨げかねず、避けることが求められます。しかし、自責感の低減、来談者の「名誉回復」が直近の課題である場合、セラピストは来談者にはっきりと肩入れし、「ああ、やっぱり自分にも落ち度があるんだ」と思わせないようにするかかわりが必要です。

バリデーションの実際
　事例に戻って２ヵ所を取り上げてみましょう。
　第８回面接において私は、「基礎がないのにトップレベルを目指していた」とうなだれる俊さんに対して、「予備校が俊さんに対して適切なディレクションをできていなかった」と言っています。読者の皆様のなかには、俊さんの要求水準、自己愛、あるいは認知の歪みといった、心理的な特徴に焦点を当てたくなる向きもあるかと思います。それらを「無罪放免」し、予備校側を問題視するなど、強引な理解の仕方だ、と感じる方もあるかもしれません。
　しかし、専門的な視点を保留してみると、「予備校が俊さんに対して適切なディレクションをできていなかった」という見解は、私のものというより、他ならぬ俊さんが当時抱えていた、切実な心境だったのではないかと思えてきます。それが今、自責感によって掻き消され、正当性を失いそうになっている。再び妥当なものとして認められれば、もはや俊さんが自分を責める必要はなくなるかもしれません。
　第21回面接では、予備校を決定できない自分に対して否定的になっている俊さんに、私は、「これだけ慎重になっている時点で、決定する自分自身がすでにバージョン・アップしているんじゃない？」と言いまし

た。自己否定をやめるよう提案することは、それ自体来談者の否定になりかねません。「自己否定自体が俊さんの成長を示すものだ」というのは、いささかアクロバティックなリフレーミングに見えますが、自己否定も含めて来談者を肯定する、バリデーションの基本スタンスといえるでしょう。

バリデーションの効果

セラピストの行為と来談者の変化を因果関係で結ぶことには、慎重でありたいものです。ただ、バリデーションを念頭に置いた第8回面接の後には、「過去の後悔」から「将来やりたいこと」へと話題がシフトしていますし、第21回面接後には予備校選択に終止符を打つという変化が起きています。

おわりに

自責の念と良心の呵責に苛まれ、結果として活力を失っている。十把一絡げにはできませんが、これは、ひきこもり臨床でしばしば遭遇する状況ではないでしょうか。

薄皮一枚隔てた向こうに、「自分は悪くないと言ってほしい」という来談者の願いが透けて見えそうになっている。だから、「あなたは悪くない」と言う。そうして事態が動き出す様は、目的地に向かって走り出した、あの「エリクソンの馬」を思い起こさせます。

本章冒頭の発言も、一種のバリデーションだと思って行っています。初回面接で私は、不安で混乱しているはずの両親から、ある種のしなやかさや柔軟さを感じました。そんな家族ならきっと「よい方向にいく」と考え、そう伝える。家族を肯定することが家族の安心へと繋がれば、本人にもよい影響があるかもしれません。東がいうように[1]、うまくいく

と思って臨んだことが実際にうまくいく、というのは、故なきこととはいえない気がします。

　最後に、自然的志向、バリデーションという用語ですが、少し取っつきにくさがあることは否めません。日本人の皮膚感覚に合う言い表し方はないものでしょうか。まずは自然的志向から。松尾芭蕉がこんなことを言っています。

「松のことは松にならえ、竹のことは竹にならえ」

　私には俳句を詠む習慣がありませんので、芭蕉がこの表現に込めたであろう、深遠な思想はわかりません。しかし、セラピストの頭のなかをよぎるさまざまな思惑をいったん脇に置いて、虚心坦懐、対象そのものにぐっと迫ることができる、名フレーズのように思います。
　バリデーションについては、悲しみや苦しみを肯定し解き放つ見事な一言を、そういえば私たちは誰でも知っていたのでした。

「これでいいのだ！」

　セラピスト自身の悩みごと、困りごとをまずは「それでいい」と思ってみる。そして、それはなぜなのか、とみずからに問うてみる。セラピストが肯定するという認識を深めるうえで、役立つ練習になると思います。

　本章の事例は、プライバシー保護の観点から、趣旨に差し支えない範囲で改変してあります。掲載を快くご承諾くださった俊さんとご家族に深謝申し上げます。

［文　献］
（1）東豊（2013）『リフレーミングの秘訣：東ゼミで学ぶ家族面接のエッセンス』日本評論社
（2）Linehan, M.M. (1993) *Cognitive-Behavioral Treatment of borderline personality disorder*. Guilford Press.（大野裕監訳〔2007〕『境界性パーソナリティ障害の弁証法的行動療法：DBT による BPD の治療』誠信書房）
（3）Linehan, M.M. (1993) *Skills training manual for treating borderline personality disorder*. Guilford Press.（小野和哉監訳〔2007〕『弁証法的行動療法マニュアル』金剛出版）
（4）Miller, S.D., Duncan, B.L., Hubble, M.A. (1997) *Escape from Babel: toward a unifying language for psychotherapy practice*. W.W.Norton.（曽我昌祺監訳〔2000〕『心理療法・その基礎なるもの：混迷から抜け出すための有効要因』金剛出版）
（5）O'Hanlon, W.H. (1987) *Taproots: underlying principles of Milton Erickson's therapy and hyposis*. W.W.Norton.（森俊夫，菊池安希子訳〔1995〕『ミルトン・エリクソン入門』金剛出版）
（6）Watzlawick, P., Bavelas, J.B., Jackson, D.D. (1967) *Pragmatics of Human Communication: a study of interactional patterns, pathologies and paradoxes*. W.W.Norton.（山本和郎監訳〔1998〕『人間コミュニケーションの語用論：相互作用パターン，病理とパラドックスの研究』二瓶社）

第2部　さまざまな実践

第5章

受験予備校の現場から

喜多徹人

はじめに——ブリーフセラピー的大学受験⁉

　私は、大学の法学部を卒業して企業のサラリーマンとして6年間働いていました。その後、縁があって、大学受験予備校の経営をお手伝いする機会をいただきました。

　経営上の戦略で、全国展開する大手予備校では対応できない生徒層をマーケットにする方針としました。すると入学生の7割が不登校経験者と高校中退者となりました。20年あまり、試行錯誤しながら研鑽を続けていくと、「ブリーフセラピーの実践ができる予備校校長」のような立場になりました。そこの経緯も面白いので、語りたくて仕方ないのですが本書の趣旨と外れますのでぐっと我慢して、ここでは「大学受験予備校の現場からブリーフセラピーについて語れ」というよくわからないお題にチャレンジさせていただきます。

私は、ブリーフセラピーとは「ものの見方、考え方を徹底的に柔軟にして、決めつけないこと」だと思っています。
　たとえば「必ずこうしなければならない」ではなくて、「今できることは何か？」「うまくいっていることをもっと続けよう」「うまくいっていないことはやり方を変えてみよう」という考え方です。
　大学受験の世界では、「この高校に進学しなければ難関大学に合格できない」などと言われることがあります。
　仮にＡ高校は京都大学に100名合格、Ｂ高校は20名合格、Ｃ高校は2名合格、Ｄ高校は合格実績なし、という事実があるとします。その場合は、京都大学に進学したければ中学から学習の準備をしてＡ高校に合格・進学すれば可能性が高まるといえます。
　しかし、他の高校でも可能性がないわけではありません。実際には「うまくいく道筋」はひとつではないのだけれど、受験や進学の世界では、「多くの人が"正攻法"で歩む道が正しい道」のように考えてしまうことが多く、その道を外れてしまうともう希望がかなわないように思いがちです。しかし一番大切なことは、「自信をもって気分よく学習できる状態になること」です。「合格実績人数」が最も多い高校に行くことと、その人がうまくいくこととの間に正の相関があるかどうかはわかりません。
　うつだ、統合失調症だ、起立性調節障害だ、強迫神経症だ、過敏性腸症候群だ、発達障害の疑いがある、自閉症スペクトラムだ、などと子どもが診断されたとします。多くの保護者は、それらについての知識や経験がないから専門家に相談しよう、自分にはどうすればいいかわからない、と考えるでしょう。
　ところが受験勉強は多くの保護者自身が経験されています。自分もしんどくて学校を休みたいと思ったこともあった、しかしそこで頑張って休まずに通ったという経験もあるかもしれません。
　自身の経験と学生時代の親しい友人たちの状況を記憶しているので、

「こうすればうまくいくはずだ」という法則があると思ってしまう。自分の子どもにもその法則通りにすればいい、してほしいと考える。そしてその通りにならない子どもを否定的に感じてしまい、叱咤激励し、子どもが反発する。否定的働きかけを続ける、さらに反発、怒鳴り合い、意欲喪失、学校を休みがちに、無理な登校刺激、不登校、といった負のスパイラルとなっていく……というパターンをよく見かけます。

　ここが受験勉強の危ういところです。

　つまり、うまくいくパターンなど何百と存在する。いや、1000人いれば1000通りの方法論がある。しかし「受験勉強とはこうしなければならないのだ」と思っていると、子どもがそうならなければとても焦りを感じて家庭の空気が悪くなり、その結果、子どものやる気が下がり、事態が悪化することがよくあるのです。

　私は受験勉強にブリーフセラピー的考え方を導入しています。

・できそうにないことを無理にしない。できることを中心に進める。
・うまくいく方法はひとつではない。うまくいかない時はやり方を変える。
・「やる気」は本人の責任ではない。教員と家族の声のかけ方で変化する。
・できないことよりもできていることに焦点を当てる。

これらについて、具体的な方法をお話ししていきます。

その①　できないことを無理にしない

「国立難関大に合格する人は、毎日10時間勉強するものだ」という命題があるとします。

　これを正しいと仮定すると、

「毎日10時間勉強しなければ国立難関大に合格できない」ということになり、

「合格するためには毎日10時間勉強しなければならない」といわれ、

「3時間しか勉強しないなんて論外だ！　合格を目指すなら10時間勉強しろ！」と責められることになります。

しかし、多くの受験生にとって10時間集中して勉強することは容易ではありません。

でもなかには、平気で毎日10時間以上勉強できる人もいます。

何が違うのでしょうか。意志の強さ？　根性がある？　管理されて見張られているから？

理屈はそれほど難しくありません。長時間勉強できる人は、その行為が苦痛ではないからです。逆に勉強が続かない人は、「勉強はつらく苦しい、いやなものだが、堪えなければならない」などのマイナスイメージをもっています。

ブリーフセラピーには、「できないことを無理にしようとしない」という考え方があります。

苦手な科目は挽回するためにたくさんやろう！　と考えがちですが、苦手な科目はイメージが悪くなっており、「その学習をしてもよいことが起こらない」という体験を何度かしています。よいことが起こらない、いやなことが繰り返される、と思ってしまうと、やる気にならないのは当然のことです。いやな科目の学習をたくさんやれと言われても意欲は上がりません。これを「個人内システム」と表現してみましょう。ブリーフセラピーでは「○○が悪い」「意欲がない」などと言わないで、「システムを変えてみよう」という言い方をします。

受験勉強を次のように例えてみましょう。「この道を自転車でまっすぐ10km進めば志望校に合格できる」とします。

その道は最初の100mは4％の登り坂で、その後は緩やかな下り坂になっています。そして道路はなんとデコボコの砂利道です。

あなたに与えられた自転車はタイヤがパンクしており、チェーンも錆びついています。ハンドルはなぜか左に15度傾いています。

　この状態で自転車を漕ぎだしますか？　そんなことをしたら10mも進めないし、すぐにいやになります。10kmなんて気が遠くなる距離だ。進めそうな気がしない。

　「この道を進むしかない！」と思いこんでしまうと、やりかけてすぐにあきらめてしまうでしょう。

　「進学校に在籍しているが不登校だ。高校はやめたくない。みんなが行くような国立大学に進学したい」という人が、私の予備校に多く相談に訪れます。そんな状態のみなさんにとって、学習はこの自転車のようなイメージになってしまっていることが多いのです。

　この環境で自転車を漕ごうとしてはいけません。他にやることがあるはずです。

　まずタイヤのパンクを修理して空気を入れましょう。ハンドルをまっすぐに直しましょう。そしてチェーンにもオイルをさして整備しましょう。自転車を整備した後もいきなり漕ぎ始めてはいけません。「砂利道の登り坂」を本当に進まないといけないのか？　他に走りやすい道はないのか？　と走りやすい回り道を探すことです。ひょっとして、アスファルトで舗装されたなだらかな回り道があるかもしれない。最初は後ろ向きに進むし走行距離は全体で2km余計にかかるけど、ペダルはスイスイ漕げるかもしれない。

　「あ、それなら漕げるかも」と感じられる道を探しましょう。

　この自転車整備に当たるものが、「笑顔と心の余裕の回復」「自信の回復」「学習に対するマイナスイメージの払拭」などです。また回り道に当たるのは、たとえば「家庭での会話のパターンの変化」であり、「自分にとってやりやすい学習環境づくり」になるでしょう。

　やろうとしてもうまくいかないこと、できなくてストレスを感じることを続けてもいいことはありません。その行為がいやになるだけです。

そして「自分はダメだ」と感じて自信をなくしていきます。そういうことを繰り返すと、何をやってもうまくいきそうにないと感じてしまい、何もしたくなくなります。そして家族から「それではだめだ」と責められると部屋にこもってしまいます。

「こうするしかない」ではなく「いろんな道があるはずだ」という考え方をすることで、解決の糸口がみえてきます。

先述のように、ブリーフセラピーは「できそうにないことを無理にやろうとしない」「できそうなことを探す」という視点をもちます。そのためには、「これしかない」と決めつけるのではなく、「視点を変えてみよう」「他に方法があるのではないか」「押してもダメなら引いてみよう」といった柔軟な思考が大切です。

では、「自転車」の話を学習に置き換えてみましょう。

その②　うまくいかなければやり方を変える

「うまくいっていることは続けよう」「うまくいかない時はやり方を変えよう」と考えるのがブリーフセラピーです。

当たり前といえば当たり前なのですが、学校や受験では見落とされがちであり、そのためにやる気や自信が失われることが多いものです。

不登校の高校生で「暗記は嫌いだ。とくに英語は苦手だ」という人がいるとします。当然、学習の「やる気」は低い。半年ほど授業も試験も受けていない。でも大学には進学したいと思っている。保護者は、本当に大学に進学したければ家で英単語くらい覚えなさいよ、と言い、本人の顔がゆがむ。

こんな親子が毎週のように相談に訪れます。

この「英語は苦手だ」との表現を、私は「今は"英語くん"と仲が悪くなっている」などと言い換えてみます。中学1年生の1学期から英語くんと仲が悪い人はほとんどいません。最初は優しく親切に接してくれ

るし、「たくさん覚えてこい」とも言いませんから。でも中3にもなると、単語テスト、定期テストなどが繰り返され、覚える量が増え、高校入試が近づいてくると「こんな点数では○○高校は無理だ」などと言われ、いやだなと思いながらもなんとか課題を覚えても点数がとれず、勉強不足だろうと責められ……。

英語に関することで、嬉しい体験がまったくなくなり、いやな体験が連続すると、英語はいやなものだと感じます。そういう人は「英語が苦手な人」ではなく、「つらい体験を何度かしたために英語のイメージが悪くなっている人」だと言うことができます。あるいは、「○○中学の授業・テストと、英語の△△先生の指導を経験して仲が悪くなってしまった」と表現してもよいでしょう。

環境、教材、やり方、指導者が変われば、また仲がよくなるかもしれません。いや、「仲がよくなる方法」を探せばいいのです。

「英語が苦手な人」を「今までの環境で英語と仲が悪くなった人」と表現することで、本人の問題ではなく、環境や関係性の問題に見方をシフトすることができます。そのほうが解決しやすくなります。

「英語の学習の方法」なんて無限にあります。ビートルズやカーペンターズの曲を聞き流してもいいし、スヌーピーなどのマンガをオリジナルの英語で読んでもよい。英単語をカードにして1日5枚だけ覚えてみるのもいい。過去にいやなイメージをもってしまった教材ややり方はなるべく避けたほうがいいのです。大切なことは本人にとってやる気が起きる教材や方法を探すことです。

つまり個人別に教材やレベルを決め、そしてペースも本人がやれる範囲でスタートすることです。

こういう方法論については、「甘やかし過ぎではないか」「それでうまくいっても社会に出たら困るのではないか」「仕事では自分のペースでいいなどと配慮してもらえない」などの批判をいただくことがあります。

考え方は、

今、できることをする／できないことを無理にしない
⇒うまくいくことによって、できることを増やしていく
⇒できることが増えれば自信が回復する
⇒自信がつくといろいろな環境に合わせることができる

ということです。

　不登校の人は、自信と心の余裕が低下している人が多く、そのために「できること」が少なくなっています。自分で自分の行動をコントロールできない状態だといってもいいでしょう。

　高校の不登校生に対しては、「出席すること」「テストを受けること」「点数をとること」に焦点が当たります。

　もちろん全日制高校ではそれは当然のことです。しかし、外形的な「出席」「進級」「卒業」を達成できたとしても、無理に授業に出てストレスが高まって心の余裕がなくなり、テストを受けて自信がさらに低下すると、「へとへとになってなんとか卒業したが、そこからひきこもった」となるケースを私は多く知っています。

　留年をしても、今の全日制高校では続けられなくても、自信と元気（心の余裕）を回復させていけば、将来が開ける可能性が高まります。

　そのためには、今できることを増やすことが重要であり、やりやすい環境を徹底することが解決への変化に役立つと考えます。

その③　やる気は本人の責任？──システムで考えてみる

　中学でも高校でも塾でも予備校でも、「本人にやる気がない」「後は本人のやる気次第だ」などという言葉が使われます。「やる気」とは何を指すのでしょうか？　気持ちなのでしょうか？　行動のことでしょう

か？

　不登校、ひきこもりに限らずとも、難関大を目指したいが独力での学習が捗らない生徒たちは、「たくさん学習したほうがいいと思っている。しかし、やりたくてもできない」という状況であることがほとんどです。

　繰り返しになりますが、たとえば毎日10時間学習できる生徒は、学習を「苦痛」だとは思っていません。「つらく苦しい学習」と感じている人は、長時間勉強できるものではない。「やればできる楽しい学習」と感じている人が長時間の勉強を続けることができるのです。

　つまり学習できていない人は、「長時間学習したほうがいいに決まっている。できればやりたい。でもスイスイできないし、20分くらいしか集中できない」。こんな感覚です。

　ではこの状態の人を、「やる気がない」と呼ぶのが妥当なのでしょうか？

　そうじゃないですよね。「やる気はあるが、したくてもできない」が正確な表現だと思います。

　学習量が少ない状態を「この子はやる気がない」と表現するのは、「学習なんてやろうと思えば誰だってスイスイできるものだ」ということが前提になっています。

　そんなことはありません!!!

　「やりたい気持ちをもっている。しかし行動がうまくいかない」という状態なのです。自分の行動を自分でコントロールできない状態であると言い換えることもできます。

　「テストで得点できない→学習量が少ない→やればできることをしない→やる気がない→それは本人の気持ちの問題」。学校でも家庭でもこのように思われることが多いものです。「学習量が少ないのは本人の気持ちが前向きでないからだ。それは本人の責任だ」。こんな解釈であれば、「ちゃんとやれ」「どうしてしないんだ！」と本人を叱責することになってしまいます。

やりたいけどできない。自分でコントロールできないことを、それではダメだと責められる。これは「不快で意味のないやりとり」なのです。

すると、そういう言い方をする人との会話を避けようとします。または、日常会話ならできるけれど、受験の話題、進路の話題になると避けようとするのは必然です。

この場合、そういう話を繰り返す親は本人からすると「理解してくれないで自分を責めてくる存在」と感じられてしまいます。

ここでよい変化を起こすためには、関係とパターンを変えることが必要になります。シンプルにいうと、本人のイメージを、「理解せずに自分を責める親」から、「理解してくれて助けようとしてくれる親」へと変化させることです。

親を「教員」に置き換えることもできます。自分の状態を理解せずに責めるだけの教員と、面談したくないのは自然なことでしょう。

教員、心理職などの援助者を想定して述べると、家族療法やシステムズアプローチの考え方で重要なのは、「親の対応がよくない」「親のせいで本人のやる気がなくなっている」という文脈にしないことです。子どもをいじめよう、いやな思いをさせよう、困らせようと思っている親はいません。よくなってほしいと思ってかかわろうとされています。学習しないでテレビを観ている、ゲームばかりしている子どもを見ていると、理屈はわかっているがイライラしてつい叱責してしまうこともあるでしょう。

親自身が自分の行動をコントロールできないことがあるのも当然なのです。それをサポートしてあげるのが援助者の役割です。システムズアプローチ（または家族療法）のセラピストは、家族もまた「困っている当事者」であり、援助者でなく生活者（つまりクライエント）であるという視点をとります。

高校や予備校での保護者面談では、「おたくの子どもさん、指導しても勉強しませんよ、親がなんとかしてもらえませんかね」のようなトー

ンの会話が起こりがちです。しかし親自身も困っている人であり、簡単に子どもをコントロールできるはずもありません。子ども自身が「学習する」という行動をコントロールできていないのに、親が子どもの行動をコントロールできるわけがないのです。

　進学や学習でうまくいっていない家庭ほど、保護者の心の余裕が重要になってきます。そのために私たち援助者は、保護者のメンタル面のサポートを意識することを心がける必要があります。

その④　うまくいっていることは続けよう
——ソリューション・フォーカスト・アプローチ

　学校や予備校の世界では、「決められたことをすべて完璧にやる」ということが重視されます。

　また、受験勉強においては「学習計画」が大切だと語られます。たとえば、「国立の○○大学に合格するにはセンター試験で85％得点する必要がある」「英語で170点を目指そう。そのために７月までに英単語を4000語覚えよう」「では今から毎週100語ずつ覚えていくぞ‼」「英語だけでは合格できないぞ。数学は……、国語は……、世界史は……」といった具合です。

　こういう計画を立てたら、後は期日までに実行していくのみです。立てた計画をストレスなく予定通り実行できる人であれば、その計画は効果的だといえます。

　しかしみなさんがそれでうまくいくなら、誰でも難関国立大に合格できることになりますし、予備校もカウンセラーも必要なくなります。

　「計画を立てたがうまくいかず、やる気と元気がなくなって学校を休む」となれば、援助者の出番です！

　こういう状態の人との面談では、「量を減らしてまた頑張ろう」「目標を下げてやり直そう」「志望校をあきらめるのか？　今からでも間に合うぞ！」などの「基準を下げた励まし」をしてしまいがちです。私も教

員を始めた最初の5年ほどは、よくこれをやっていました。たしかにこの方法でうまくいくこともありましたが、多くのケースではさらに元気がなくなって面談にも来なくなる、というパターンになりました。

　ブリーフセラピーを学んでからは、このような面談をしなくなりました。リスクが高いからです。計画がうまくいかなかった生徒の計画を再度立てたとしても、またうまくいかない可能性が高いのです。そして基準を下げた計画さえもできないと、生徒は「情けない」「恥ずかしい」「こいつはダメだと思われているだろう」と思ってしまい、そこからの回復が難しくなります。

　計画＝「バーチャルな基準」を強調すると、そこに届かない状態は否定的な意味づけとなってしまいます。すると自分の状態を常に否定的に感じてしまい、どんどん元気がなくなっていきます。

　　計画を立てる　⇒　それに届かない　⇒　基準を下げた計画　⇒　魅力を感じない　⇒　下げた基準にも届かない　⇒　絶望・自信喪失

　このパターンを作ってはいけません。ところが実際には、学力の高い中高生の不登校にはこのパターンがよくみられるのです。

　計画＝「バーチャルな基準」にはこのリスクがあるので、うまくいかない時は「計画を立てない＝未来の基準を作らない」が重要です。「1週間に英単語を100語覚える」という計画があると、「60語しか覚えられなかった。それではだめだ」となります。しかし「苦手な英単語をこのやり方で試してみよう」「できそうなペースでやってみよう」とすれば、「40語覚えられた。いい感じだ」と話すことができます。

　「毎日英単語を30分は勉強しよう」ではなく、「試しに1週間やってみてどんな感じか教えてね」と伝え、「1週間で20分を2回やった」という報告があれば、「それはすごく大変だったか、それほどでもなかったか、どうかな？　あ、余裕でできたんだね。じゃあそれを基準にして続

けてみようか」と話します。次の週に20分が3回できたら、少しオーバーに褒めます。

「勉強をこれだけ必ずしなければならない」という設定はすごくリスクがありますが、「苦手な英語をどれだけできるかチャレンジしてみよう」という設定にしてしまえば、量にかかわらず褒めることができます。

順調でない生徒に対しては、『計画』と『約束』はとても危険です。不登校や中退を経験している人、志望校が高いにもかかわらず学習が捗っていない人に対しては、「褒めてあげるネタ」を探します。そして「またダメだ」という会話が起きないようにする配慮が必要です。

不登校・ひきこもりの相談では、「なぜ学校に行けないのか」ではなくて「今できることは何ですか？」とお尋ねします。

「外出はできますか？」「時間帯はどうですか？」「平日の昼間はどうですか？」など、価値や評価を感じさせずに「客観情報」として聞いてみます。

たとえば学校で授業をしている平日の昼間は外出できなくても、休みの日に親と一緒に車で遠くまで移動すれば外出が可能な人もいます。また、学校の授業は無理だけど塾になら通える人もいます。英語や社会は嫌いだけど数学はそれほどいやじゃない、など、「今できること」を拾っていきます。

「学校に行けない」「勉強をまったくしない」という話をするのでなく、「それならできるんですね」という表現にしていきます。

ひきこもりが続くと、親の実家への帰省や、親戚の結婚披露宴などはとてもストレスに感じることが多いものです。それを「必ず行かなければならない」でなく「こういう形ならできるかも」という会話になるよう保護者にアドバイスするのも大切な配慮です。

その⑤　不登校・ひきこもりからの大学受験

　不登校・ひきこもりの状態の人がどういうプロセスを経て、元気になっていくのか。やりたいことができるようになって本人が望む進路に進むためには、100人いれば100通りの方法があると思います。
　そんなことは当たり前ですが、あえて「よくあるパターン」を紹介させていただきます（実際の事例を組み合わせた仮想のケースです）。

　高1の9月から学校に行かなくなったA君は、生活が昼夜逆転し、深夜までゲームをしています。両親はゲームの時間を制限する、スマホを取り上げる、朝はなんとか起こそうとするなどの働きかけをしています。しかしA君は無視する、約束しても守らない、反発する、イライラして物を投げるなどの「問題行動」を繰り返します。そんな状況に両親もストレスが高まっていき、疲弊しています。
　今の高校に在籍を続けるのか、あるいは別の学校に移るのかを話し合おうとしても、A君は部屋に逃げ込むか、黙って下を向いているだけで会話になりません。日曜日に友人と遊びに行く時は朝から起きてくるのに、学校のある平日は昼過ぎまで寝ているので母のイライラはどんどん高まります。せめて家の手伝いくらいしろと父が言っても無視します。心身ともに疲れ果てた両親は、知人の紹介でブリーフセラピストに相談に行きました。

Step1　親子の関係を変化させる

　事情を聞いたセラピスト（以下 Th）は、両親に対してこんな仮説を紹介しました。

　「A君はサボっているのではなく、不安でストレスを感じて苦しんでいるのかもしれません。今後の話をしようとすると反発するのは、矛盾

を指摘されるのがつらいからかもしれません。

　高校は卒業したい。でも学校に行くとストレスを感じるので行きたくても行けない。

　みんなが行くような大学に進学したい。でも勉強をやろうとしてもイライラして捗らない。

　両親にはダメな子ども、情けない子どもと思われているのではないか。見捨てられたくない。でも自分を責めるような目つきで見てくるのでイライラして反発する。

　ひょっとするとこんな状態なのかもしれません。

　もしA君がこういう状態だとすれば、『できていないことを強調する』『矛盾点を指摘する』というアクションは余計にストレスを与えてしまいます。

　そこで提案です。2ヵ月限定で、今までと違うパターンに変えてみるのはどうでしょう？　矛盾を指摘しない、登校を促さない、ゲームをしている状態をダメだと言わない、そうすることでA君の行動がどう変化するか？　表情はどうか？　親子の会話が増えるかどうかを観察して教えてください。

　目指すのは表情が明るくなること。イライラしなくなること、会話が増えることです」

　両親は他に選択肢が浮かばないので、Thの提案を受け入れることにしました。

　1ヵ月後の面談で、家庭でのパターンを意識して変えたところ、A君自身にも変化がみられたと母が笑顔で報告されました。

　A君はイライラすることがなくなり、リビングにいる時間が増えました。今まで隠れて触っていたスマホをリビングで堂々と見るようになりました。学習や進路に関係のない日常会話が増えました。

Step2 「理解してくれる親」への変化

Th はその変化をとてもよい変化ですね、と意味づけし、両親の努力と工夫によってそうなったのですね、大変だったでしょう、と両親をおおいに賞賛しました。

「自分のことを理解せず、できないことを押しつけて自分を責めてくる親」とA君が感じていたのが、「自分のことを理解して応援してくれる親」に変化したのでしょうか、と Th は伝えました。

そして Th は次の提案をしました。

「今のA君は『やりたくてもできないことがたくさんあるのでは』という仮説を立て、それを尋ねてみるのはどうでしょう。

平日に外出することはできそうか？ 祝日ならどうか？ 近所は無理だが車で離れたところに行って、知り合いがいない場所だとどうか？ 学校は行けないが塾ならどうか？ 電車に乗ること、人の多いところを歩くのはどうか？

そのことを評価することなく、何にストレスを感じているか、やりたいけどできないことは何かをA君とお母さんが共有するようにしてください。この時の注意点として、できないことを聞く時には、それが残念だとか情けないなどの感情や評価的な雰囲気を出さずに、淡々と聞いてあげてください。そうしないとホントのことを話したがらないものです。これはお母様にとってとても難しいので、うまくできなくても落ち込まないでくださいね。その場合は、それをお願いした私の作戦ミスなのですから。

それらを共有できたら『できるようになったらいいね。一緒に考えよう』と言うにとどめて、どうすればいいかを親から提案するのはまだやめましょうね」

母はこの提案を受け入れて、Th 相手に練習（ロールプレイ）を何度か

しました。

Step3　行動を促すアクション

Step2が「成功」したら、Thは次の提案をします。いよいよ本人を相談機関に連れていくミッションです。

学校や進路について、「いろんな選択肢があるよ」と話してみる。決して特定の学校を勧めるのではなく、選択肢はたくさんあるよ、どれでもいいよ、という話し方をする。

そういう話をした時に、強い拒否反応がなければ「見学、相談に行ってみようか？　行きたくなったら言ってね」と話しかける。この時、返事を求めることと決断を促すような話し方は避けましょうと助言しました。

A君の両親に対するイメージが「自分のできないことを押しつけてくる親」から「自分のことを理解して応援してくれる親」へと変化していれば、進路の話を出した時も拒否される可能性は下がります。Thは家庭でのそういうやりとりを聞いたうえで、「そのパターンならうまくいきそうだ」と判断して、次（Step4）の提案をしました。

Step4　難しい目標を否定しない

A君が母に連れられて、「心理カウンセリングを行いながら基礎からやり直して難関大を目指す予備校」(!?)に相談に来ました。

予備校の教員は、「今は心の余裕と自信が低くなっているんじゃないかな」「勉強に対するイメージが下がってるんじゃない？　中学の時はイメージよかったでしょう？　今の状態だと勉強するのは難しいよね？」「やる気は環境や課題の決め方で変わるんだよ」と話しかけ、本章「その①」の自転車のメタファーを語りました。

そのうえで、「大学のことをどう考えているかな、入りやすい大学か、有名難関大かだったら、どちらに行きたいかな？　今の学力や勉強量は

一切無視してね」と尋ねると、やや恥ずかしそうに、医学部に行きたいと話してくれました。母は少しだけ驚いたような表情をしましたが、A君にはわからないように意識されていました。

Thはその目標について賞賛しました。「目標はないよりあったほうがいいし、簡単なものより魅力的なほうがいいよね。それに、抽象的より具体的なほうがいいよ。どう？　たとえば家から近い国立K大学医学部を仮の目標にしようか？」と提案しました。A君は恥ずかしそうな、でも嬉しそうな表情で小さくうなずきました。

Step5　できることから始めてイメージをよくする

こうしてA君の医学部受験への第一歩が始まりました。

大切なことは、この章で述べてきた原則を遵守することです。週に何日なら来れそうか？　今の段階で1日に集中できる学習時間はどれくらいか？　苦手意識が強くてイメージのよくない科目はどれか？　等をアセスメントして、無理なことはやらない、などの方針を遵守します。たとえば比較的苦手意識のない数学を、週に1回1時間のみ個人授業で開始します。最初は自己学習もしません。表情が明るくなってうまくいきそうな気配がみられてから、少しずつ自己学習を開始します。

計画を立ててはいけません。「やれるかどうかわからないけど、試しにやってみよう」と伝えながら、うまくいく方法を一緒に探しながらやろうという方針です。

うまく進めば本人の手柄にしましょう。うまくいかなければ指導者の作戦ミスにしておきましょう。こうして笑顔を増やし、自信の回復を目指します。

Step6　親の協力

焦りの気持ちが「できないことを無理にしなければならない」と思わせてしまいます。そのため、最初は「期限を決めない」という協力を保

護者にお願いすることも大切です。

　自信と笑顔が回復し、保護者の理解が得られると、Ａ君は徐々に授業を受けられるようになり、１年後には、苦手な英語もわかるところからスタートできました。そして２年後には、毎日12時間明るく学習できるようになりました。Ｋ大学には届きませんでしたが、地方の国立大学医学部に合格しました。

　このケースでのいくつか重要なポイントを整理します。
　Step1では、何といっても両親の合意が得られたことと、二人の協力が重要です。「家族の方針がまとまる」ということができれば短期間で大きな変化がみられます。
　Step2では、両親の頭のなかから「情けない」「恥ずかしい」「どうしてそんなことも……」「普通は……」「今頃、他の子は……」などの言葉が浮かばないようにしたことです。ブリーフセラピストの腕の見せどころといえるかもしれません。そういう言葉が浮かぶ親には、Step2のようなリスクのある提案をしないのはいうまでもありません。
　Step3では、「親が望む選択肢を押しつける」とならないように配慮することです。もし仮に「幸福な人生」と呼べるものがあるとしたら、「自分で決定できること」なのかなと私は考えています（う〜む、社会構成主義的セラピストでありたいという立場と矛盾する表現を使ってしまった）。その時点でＡ君が納得できる選択をしてもらうことが将来のために重要と考えます。
　Step4も、3と同じく「自己決定権」を侵さないことです。「高すぎる目標に本人が苦しんでいる。そんなに無理しなくていいのに」といった言い方をよく耳にします。しかし「目標を下げさせる努力」は、学校の成績が悪いからといってクラブをやめさせるのと同じくらい、よい方向にはいかないなと思います。
　全体を通して、「Ａ君が自分でコントロールできない部分を絶対に責

めない。コントロールできるように手伝ってあげる」という考え方が大切です。そしてそれは、親に対しても同じことがいえるでしょう。この仮想のケースは「提案されたらそれがすぐにできる親」としましたが、現実にはそういうケースはそんなに多くありません。入学前のひきこもりの相談で、Step3まで1年以上かかることもあります。親の「苦手科目」もきちんと理解してあげて、そこを否定的に語らない配慮も大切です。

親は家庭では生活者です。ついつい「援助者」であることを無意識のうちに期待してしまう失敗を（私は）しがちです。

ああ、20年以上やってもまだまだ反省することばかりです。

第6章

高等学校の現場から

淺谷　豊

密かな野心

　のっけから、大変申し訳ありませんが、この文章がこの本の主旨にかなうかまったく自信がありません。謙遜ゆえの表現ではなく、浅学菲才の身ですから、学術的なことは一切言えません。以前、日本評論社発行の雑誌に拙い原稿を載せてもらった時、同社の編集氏から、「淺谷さんの原稿は学術的な用語をあえて使わず日常語で表現されているのがいいですね」と世辞とも慰めとも解釈され得るというより、その両方に解釈するほうが自然なお言葉を頂戴しました。「ブタもおだてりゃ木に登る」という俗な俚諺にある通りであること、「あえて使わず」ではなく「まったく使えない」ことの両方を自覚してはいますが、編集氏の言葉をそのままに受け取ることにいたしました。そのように自分自身を励まさないと、他の執筆者の方々に交じって拙稿を書くなど、とてもできないからです。

前述のように自信も知力もない私ですが、そのくせ不遜な目的を持ってもいます。大恩あるS先生（本書編者）に「書けよ」と言われたこと以外に拙稿をなんとかものしたいと思う理由です。それは、「不登校・ひきこもりに効くブリーフセラピー」ではなく、不登校やひきこもりになった生徒と出会った教員にとって「ブリーフセラピーが効く」ということをわずかでもお伝えしたいということです。「非学者、論に負けず」と言う通り、いきなりテーマからそれることを宣言する小心者の大言であることは承知しております。

　私が想定している読者は教職にある人です。多忙な中、受け持ちの生徒が不登校になった、いや、家から出ることもせずいわゆる「ひきこもり」になっている、なんとか援助したい、けれど、どう言葉をかけていいのかわからない、下手をすると逆効果になるのでは、という不安を持ち悩む大方の教員です。「そのような善意あふれた働き者の教員など少数」という声が聞こえてきそうですが、私の経験上、そうでない方が圧倒的少数です。怠ける教員が皆無とは言い切れないですし、また、教員の「善意」が逆に生徒を苦しめることがままあることも認めざるを得ないところが残念ではありますが。

　以下、乏しい個人的体験を披瀝することになります（それしかないので）。エピソードは実在人物を特定されないように複数人を合体させたり、性別、家族構成を変えたり、場合によっては時空も超えていることをご承知おきください。ただ、私自身が受けた衝撃なり、影響なり、その他の必要なことは伝わるように改変したつもりです。

教員の私が臨床心理を学ぼうと思った理由

　それはもちろん、目の前の生徒にどう対処していいか、自分自身が強い不安を覚えたからです。教員は巷間言われている以上に、さまざまな体験をします。

Aさんの場合

　たとえば、女子生徒が、最近で言うところのデートDVの被害者になってひどい傷を心身に受けることということもあります。さらに、その加害者の男が学校に乗り込んできて、当該の生徒に暴力をふるうということが目の前で起こったことがありました。

　私は、初任の頃から体罰絶対反対でしたから、生徒に対して手をあげたことはありません。しかしその時の相手は生徒ではありませんでしたから、なんの遠慮も必要ありません。というか、男がその女子生徒（Aさん）に手を出した瞬間に私は完全に逆上してしまい、思考能力を失ってしまいました。その男を校舎の外に引きずり出すまでの記憶が、その直後から今に至るまで欠落したままです。どうやら乱暴過ぎる行為をしてしまっていたようです。気がつくと、通りがかりの見知らぬ人（後で聞くと他校の教員でした）が私を後ろから羽交い絞めにして止めてくれていました。

　その後も、その相手はつきまといをなかなかやめませんでしたが、幸いと言うべきか、つきまとう対象が私に変わったので逆に対処しやすくなりました。迷惑だなとは思いましたが、「熱意ある青年教師」だった私は、その男に対応することは、さほど苦痛に感じませんでした。とにかく体を張ればいいんだし。もっとも、結果として、その男が現れなくなったのは、体を張ることではなくて、妙なきっかけから、喫茶店で1時間ほどその男の生い立ちからの話をじっくり聞いたことが不思議なことにどうやら功をなしたようでした。

　私が本当に困ったのは、被害に遭ったAさんにどう対応するかです。正直に言えば、「困る」ことにすら当時は気がついていなかったと言うべきかもしれません。今から思えばまことにひどいことに、被害者である生徒に「説教」しまくっていました。あろうことか、その説教には「君にも非がある」などという言辞すら含まれていたことも正直に告白しなければならないでしょう。自分で思い返しても、あきれるばかりで

す。

　Aさんは一時期荒れ、学校への関心が遠のいた時期もありました。その責任は私にもあると今では振り返っています。それでも、本人にたくましさがあり、友人、両親がそれを支えて、しっかり立ち直り、卒業して仕事に就き、幸せな家庭を築いてくれています。たまに会うと「先生のおかげです」などと言ってくれるので、この体験だけなら、「熱意があれば何でも乗り越えられる」と勘違いした、今以上に愚かで迷惑な教員になっていたに違いありません。

B君の場合

　ある日、連絡なく学校を欠席したB君に、理由を聞くため夜電話をしました。

　「どうして無断欠席したんだ？」（我ながら「いかにも学校の先生らしい」詰問です）。B君は「これから言うことは、先生だから言うんです。他には誰にも言わないほしいんです」と答えました。

　今、生徒にそう言われたら、「君の話が、私の対処できる範囲を超えていたら、ご家族なり、他の先生なりに助けを求めなければならない。ただ、他の人に話す前に必ず君の了解を得ることだけは約束できる」ぐらいの答え方をするでしょう。けれどもその時は、「先生だから話す」の一言にころりと参って（自分は信頼されているという自惚れを生む「先生ゴロシ」の一言です）、「熱意ある青年教師」だった私は「うん、わかった」と答えました。

　まさか、彼の口から「学校に行けないのは、怪獣の吐く炎から僕の頭に通信が来て、目の前を歩く人を刺せと言われているのに、どうしてもそれができないのが苦しくて、苦しくて」という理由が告白されるとは、まったく予測していませんでした。苦し気な息づかいやら、ぼそぼそとした口調から、なにやら重大なことが話されると心構えがあってしかるべきだったと思いますが、せいぜいクラスの人間関係やら、部活動のし

んどさぐらいを予想していた私は、驚きのあまり、何も言えません。

　私は国語科の教員です。漱石の小説「こころ」の中で、「私」が親友Kから御嬢さんへの恋心を打ち明けられるくだりを授業でやるたびに、この時の自分を思い出します。化石された「私」と同じように、私も、訥弁の彼が独特の口調で話す間、黙っていました。それでも、小説中の「私」のように終いまで何も言わないでいるわけにはいきません。

　一瞬、「笑い飛ばす」または「ふざけるなと怒る」という選択肢が頭をよぎりましたが、さすがにそれはできず、彼も沈黙し、話がとぎれた数秒後、私は「うー、経験がないから、よくわからないけれど、君が、まあ、その、そういう体験をしたら、苦しんだろうなということはわかるよ、うん、わかる」というようなことを、途中からは猛烈な早口で「わかるわけなど絶対ないのに」まくし立てました。電話を切ると喉がカラカラに乾いていました。相手の話を十分に聞こうともせずに、不安感から一方的にしゃべっていたのでしょう。

　それから、毎晩、電話で話しました。カバンの中に持ち歩いているというナイフだけは、せめて捨ててくれと言おうとして、屈強で大柄な体躯の持ち主のB君に「君だったら、そんなもの使わなくても……」と口走りかけて、慌ててごまかしたことも覚えています。一方、勤務の隙間になんとか時間を作って、近隣の精神科医、カウンセラーの方々に教えを乞いに行きました。「どうしていいか、わかりません、助けてください（泣）」モード全開の私の話をみなさん、多忙な時間を割いて聞いてくださり、後々まで有益なアドバイスをしてくださいました。

　あるベテランカウンセラーの方に「あなた自身の感覚では、彼は『そのような行為』を実行すると思いますか？」と問われたことがとくに印象的でした。そう問われてみれば、根拠はないけれど、しないような気がしました。人間性を「信じる」とかそういうことでありません。なんとなくだけれど、彼はそういう無残な行為はしないと感じている自分を意識することで、ほんの少し冷静になれたことを覚えています（S先生

とはまだお出会いする前でしたので、アドバイスもいただけませんでした)。

　数週間後(その間彼は学校に来たり来なかったり)、「せめてナイフを俺に預けてくれないか」という私の言葉(もはや心境も声の調子も哀願そのものでした)に、B君は「ナイフは自分の部屋の特別の箱に入れて、二度と見ないようにします」と答えました。私は半ばやけくそ気味で、「わかった。信じる」と大嘘を言い切りました。といっても、彼が嘘を言っていると思ったわけではありません。「炎からの通信」にしても、彼は彼にとっての、その時、その場の「真実」を言っていたわけですから。それでも事が事だけに、強い不安を私は捨てることはできなかったのです。それでもとにかく、信じると言い切るしか、この場を切り抜けられないと思ったのです。

　その後「ご両親や他の先生にも相談させてほしい」と頼むと、それまでの夜ごとの電話では、「いやです」の一言だった彼が、「わかりました」と拍子抜けするほどすぐに承諾してくれました。

　ご両親の他にも家族がいるということと、話す時は自分がいないところのほうがいいとB君が言ったことから、私は自宅から少し離れたところでご両親と会い、経過を説明しました。ご両親たちは、私が予想していたように大変に驚きはされましたが、期待していたようにはなかなか動いてくれません。私が勝手に思い込んでいた一般的な親子像とは、家族間の関係は違っていたようです。その時に私が予断に基づかず、目の前にいる家族の関係性を洞察できていれば、せめて洞察しようという姿勢をもっていれば、B君にとって、より良い援助ができていたと思います。当時の私は、ご両親に不遜にも少しばかり腹立たしい思いを持ってしまい、私が相談した精神科医の一人を受診されるよう強い調子で頼みました。一応、その必要性は認めてくれたものの、具体的に日時の調整となると話は進まず、私は苛立ちました。

　数日後、結婚して離れたところに住んでいたB君の姉がたまたま帰省して、B君と話した後、「弟の様子が変だ」と母親に話してくれたこと

から、母親のほうから私に連絡があり、ようやくご両親がそろって（父親のほうは不承不承のようでしたが）精神科医に相談に行ってくれることになりました。本人は受診に強い抵抗を示したため行きません。

　ご両親の医師への相談には私は同席せず、待合室にいました。診察から出てくると父親は顔色が変わっていて、「二度と来ない」と捨て台詞を残すように出ていきました。続いて母親も「思っていたのと違って、強い調子で言われて」と私への説明もそこそこに慌てて父親の後を追いかけていきました。

　B君は、卒業し、いったん就職したものの、周りになじめず離職。家の外にほとんど出なくなってしまいました。さらに他害ではなく自傷行動に意識が向き、少々の事件に私もかかわることになりました。その後は少しずつ外に出るようになったことなどを知ることができましたが、会うことはもちろん電話などの直接的な連絡はなくなり、疎遠になっていきました。かろうじて年賀状のやりとりだけは続きました。

　ある日突然、彼から高級洋菓子のセットが送られてきました。ひょんなことから私のことを思い出してくれたようです。礼の電話を入れると、当時とはまったく異なるハキハキした元気な声で、今はある会社で正社員として働いていること、両親が病身になったので、その世話をしていることなどを報告してくれました。

　まさしく結果オーライ的に私は安堵することができたのです。

C君の場合

　もう「青年教師」ではなくなりかけていた頃、同僚の若い教師から「相談したいことがある」と呼び出されました。「実は生徒の一人が、不登校気味なのですが……今日、数日ぶりに学校に来たんです」。私はやりかけの書類仕事を中断させられた苛立ちもあって、「来たなら、いいじゃないか」と口にしかけましたが、同僚に手を引っ張られるようにして会議室に連れ込まれました。

椅子に座って、C君を見た瞬間、この場から逃げ出したいという思いに強くとらわれました。自分が立ち上がらないように、椅子のひじ掛けを強く手がしびれるほど握り続けなければなりませんでした。
　うつろな目をしているC君の首には、すぐにそれとわかる索状痕が残っています。「実は失敗したのは、昨日の晩が3回目で……」。それから、30分間ほど、うなずくだけで彼の話を「傾聴」し続けました。さすがにこの頃には、「説教」はする側の気分がよくなるだけで、相手にとって意味はない、生徒の話を「傾聴」することが大事というぐらいのことは学んでいたからです。
　懸命に聞きながら、一方で「このまま聞くだけでは、どうにもならない。どう収めよう」という焦燥感が突き上げてきます。「この場のC君に『命は大切』とか話しても意味はないだろう。簡潔に伝えるべきことは、なんだ」と油汗をかきながら、考えに考えました。動揺している同僚に自分まで動揺していることは見せられないという思いもあり、表面上は落ち着いているように見せかける努力をしながら、内心はすさまじく、頭の中はぐるぐる回っていました。
　彼の陰々滅々とした話が終わった後、「君の気持ちを否定しようとは思わない。けれども、もし君がもう一度、う、その、そういうことをしたくなったら、担任の先生か私に必ず電話を入れてください。私の家の番号を教えるから、メモに書いてください（細かい状況を話しながらも私を見ていず、どこかぼんやりしているC君に、「書く」という行為で現実感を取り戻してほしいと考えました）。それから、正直に言うけれど、この問題は私と担任の先生の二人だけに収めておくことはできません。ご両親や他の先生方にも相談することを許してください」と私は伝えました。とりあえず、C君は了承してくれました。
　さすがにこの頃には、熱意で乗り越える、生徒のことは俺が全部引き受ける、などというアホな思い込みからは脱していましたから、管理職を含め、関係各位と相談しました。

本人や母親との個別の面談もさせてもらいました。生噛りですが、その頃学んでいた「受容」「共感」「自己一致」をひたすら心のなかで唱えていました。でも、何かピンとこない。何かが足りない感じがずっとつきまとい続けていました。
　Ｃ君は、担任との良好な関係もあって、その後、同じような行動に出ることなく、卒業して希望の進路にも進みました。

今考えると

　Ａさん、Ｂ君、Ｃ君のそれぞれの場合、いずれも私としては結果オーライとしか言いようがありません。私はそばにいて、寄り添うというより、むしろ邪魔をしていたのに、みずからの力で人生の難所を越えてくれたのです。
　今の後知恵で言えば、保護者と本人の関係性の中に入れてもらおうという発想がなく、「健全な」親子関係とはこういうもの、というこちらの思い込みを押しつけたために、関係性の変化を見ようともしていませんでした。必ず変化はあったはずです。何やら「問題」が起こって、私という介在者に（求めてかどうかは別にして）それを話したのですから。仲間入りさせてもらえず、「外の人」としての援助は隔靴掻痒の思いを私に残すばかりでした。時には保護者の対応に怒りを持ってしまったことさえあり、そうなれば、当然相手もこちらの言うことに耳を傾けてくれるはずがありません。
　今以上に無知であった私は、目の前の「問題」を「問題」ととらえて、その枠組みにとらわれている相手の視点を変えて、別の解釈もできるということを提示することもできていません。「非は君にもある」などと、自己を責めることに手を貸してしまっていることに気がつきもしませんでした。枠組みをとらえ直すことで、「問題」と考えていることを見直し、できていることに目を向け、君にはそういう力がある、と返すとい

う発想もなく、生徒とともに深く沈殿していくだけでした。

「よく話してくれたね、君には自分の困っていることを伝える力があるんだね」「欠席しているのは、そういう苦しさを受け止めようと努力しているということだね」「君には思いとどまる力があるんだということだね」。相手の潜在的な力を引き出し、自己評価を高める応答はバリエーション豊富にあるはずです。

人生には「不登校」や「ひきこもり」という選択肢もある。我ながら、この本のテーマに弓引くような物言いですね。そもそも、教員が不登校を認めること自体が自分の存在理由を否定するようなものです。けれども、不登校そのものが問題なのかどうかを決めるのは、本人だけです。「不登校」や「ひきこもり」を即「問題」と決めつけるよりも、枠組みをとらえ直して、自己評価を高める手助けをすることを主眼にしたほうが、生徒がより自信をもった生き方を選択できる手伝いができるはずです。

大胆なことばかり申し上げていますが、「積極的な不登校やひきこもりという選択肢もあり得る。自分を責め、自己評価を下げながらの言わば消極的な不登校より、そちらのほうが本人にとってより良い選択肢だろう」とも言えるのではないでしょうか。私がブリーフセラピーから学んだことは（今学んでいる途上ですが）、技巧的な応答の方法ではなく、発想の問題です。

はじめに、「不登校・ひきこもりに効くブリーフセラピー」ではなく、「不登校やひきこもりになった生徒と出会った教員にとって効く」ということについて述べたいと大胆にも申しました。

前述の事例の生徒たちと出会った時、私はひどく苦しんで、ストレスから（尾籠な話ですが）血尿を出すなど体調を崩すこともありました。「熱意ある青年教師」だった私が、生徒に「寄り添う」つもりで問題に思い切り巻き込まれていた証左でしょう。ブリーフセラピーを学ぶことで、「支援」と「巻き込まれる」こととは違うということを実感的に学

ぶことができたと思っています。巻き込まれていては、効果ある援助などできません。自分がつらいと感じていて、どうして相手のつらさを減じることができるでしょう。

　私は、不登校やひきこもりの生徒と出会って「困った」「つらい」と感じている同業の方に、ブリーフセラピーを学ぶことで発想の転換ができたら、そこから脱却できますよとお伝えしたいのです。

　ブリーフセラピーの魅力はその向日性、明るさにあると私は思います。過去や原因の究明にこだわっても、なかなか問題の解決ができるわけではありません。「そういうことだったんだ」と本人が納得する場合は別でしょうけれど。それよりも、解決と未来に主眼を置いたほうが明るく話せます。

　たとえば親子関係に原因があると分析できても、そして、それが「正しい」として、学校現場でそれが役立つのは、(酷な言い方をあえてすれば)教員に「自分のせいじゃない」という言い訳が成立することだけです。

　受容、共感、自己一致は大切なことだと思いますが、それだけでは、生徒の悩みに教員が巻き込まれることを防げないように思います。下手をすると、「問題」とされていることの周りをドウドウめぐりして、ますます深みにはまっていく。私は以前そういう体験をたくさんしてきました。

　心理療法の枠の設定も何もないうえに、集団生活の維持のための制約はたくさんあって、それも無視できない。「学校」というちょっと変わった環境の中で、生徒や自分が元気になれる発想を学ぶことは決して無駄ではないと思います(慌てて付け加えますが、学ぶのは他の章からにしてください)。

ブリーフセラピーをかじってから

D君の場合

　D君は、高校2年から3年に上がる時期に突然学校を辞めると言い出しました。成績が悪かったわけでも、それまでの出席状況が悪かったわけでもありません。夢ができたので、その方面に進みたいと言うのです。

　D君が夢に進むのは、あと1年の学校生活を終えてからでも十分間に合います。高校卒業を棒に振って今から始めたい、準備をしたいというのは、大方の人から見て首をかしげて当然と言えば当然です。しかし本人は頑なで、そう決めてから登校しなくなりました。家族も困っているようです。周囲から猛反対を受けて、気分的にはひどく落ち込んでいるとのこと。D君と話していた同僚から聞いたこの情報の言外には、「もう少しで落とせそう（決意を翻して学校を続けると承諾させられそう）」という気分が濃厚に滲んでいました。

　「こういう生徒がいる。明日、放課後に学校に来るように言ってある。あなたのところに行かせるから話を聞いてやってくれ」と、学年主任と担任から、教育相談係という分掌をしていた私に依頼がありました。

　ところが、夜7時を過ぎても、D君は私のところに来ません。「すっぽかしたのかな。担任や学年主任は家庭訪問かな。連絡がないのは、何かあったのだろうか」と思いつつ、仕事をしていました。8時前になって、ようやく彼が現れて、「2年〇組のDです」と名乗ったので、びっくりしました。同じ学校の教員と生徒といっても私は彼の授業を担当していないので、初対面です。

　「今、学校に来たの？」「いいえ、4時前に来て、ずっと担任の先生、学年主任の先生、〇〇先生と話していました」。どうやら、4時間近く、3人の教員から「説得」と「説教」を受け続けていたようです。

　「疲れているのによく来てくれたね。本当にありがとう」

　「いえ、遅くなってすみません」

「今の君の気分は？」

「先生方には悪いですが、僕の気持ちは変わりません。」

「いやいや、気分を聞きたかったんだけど、ま、いいや。学校を辞めるという気持ちに変わりはないんだね」

「あ、はい。気分は疲れています」

「そりゃ、4時間近く話を聞かされたら疲れるよね」

「先生方が僕のことを考えてくれているのはよくわかるのですが、落ち込む一方で」

真面目なD君、疲労の故か顔は青ざめていました。たぶん、「説得」を続けた同僚たちも、疲労困憊していたことでしょう。彼らの「善意」を私は今も疑いません。D君に聞くと、お茶やお菓子まで十分すぎるほどふるまい、「やさしく」話し続けたそうです。結局は「将来のことを考えたら、高校は出ておいたほうがいい」という話を繰り返していたようです。D君本人の具体的な考えもじっくり聞きたいところでしたが、同僚たちと同じ話を繰り返そうとしているふうに受け取られたくなかったので、やめました。普段の彼を知りませんが、元気、活力を失っているのは間違いありません。

「一所懸命な先生方に悪い言い方になるかもしれないけれど、君は4時間近くも意志を変えるように話されても、自分のことを考えてくれていると受け取る力があるんだね」と労うとともに、彼の自分自身への評価が高くなるように心がけて話すようにしました。

とにかく「未来」に目を向けてほしくて、「変なこと聞くようだけれど、いいかな。今から3年後の20〇〇年3月〇日（その日と同じ日付）の午後8時18分（その時の時間）に君は何していると思う？　たとえば服は何を着ているかな？」と尋ねました。するとD君は、「……服は今の私服と同じでユニクロのTシャツとパーカーとジーンズだと思います」「晩飯はもう食っているかな？」「えー、たぶんコンビニで弁当を買って、これから食べようとしています」「お、何弁当？」「唐揚げ弁当で

すね」「どこで食べようとしている？」「仲間と借りた稽古場で」「仲間って？」「同じ道を行こうと相談している違う学校の友だちです。たぶん、いつもと同じように、○○が遅刻していて、みんながぶつぶつ言っていて、その中で、自分が唐揚げ弁当を広げて、食べ始めているかな」「遅い時間からの稽古だね」「昼間はバイトして生活費を稼いでいるので」「なるほど」。

　最初は戸惑っていたD君も、どんどん具体的なイメージを進んで話してくれるようになってきました。私も細かい質問から、「へぇー」とか「ほー」とかの相槌を打ち、先をうながすようになっていきました。

　「○○がなかなか来ないので、食い終わってみんなと話して」「どんな話？」「昔話かな、高校の頃は、あんなバカなこともやったなぁとか思い出して笑ったり」「たとえば？」「海に遊びに行って、帰りの電車賃をなくして、何時間もかけて歩いて帰ったこととか」「アハハ、そういうこともあったんだ」。D君、表情がすっかり明るくなりました。「夢の実現は、まだまだだけど、ちょっとずつ人にも知られるようになって、頑張ってるねとか声かけられて」。彼の3年後の姿が生き生きと描写されていきます。

　「その未来の君が、今の君に声をかけるとしたら何て言うだろうね」「うーん、もうちょっと頑張れば、やりたいことができるようになる、自信を持て、かな」

　私は、「そこまではっきりした自分の未来像を思い描けているんやね」と締めくくりました。彼が帰る時、「俺と話してどうだった？」と尋ねると、「気分が楽になりました。とくに未来の自分の話は、とっても良かったです」と答えてくれました。その後、家族との軋轢などもあったようですが、彼は退学して、自分の希望する道に進みました。

　ご家族や同僚たちには申し訳ないけれど、学校云々よりD君が元気に明るく生き方を決めるほうが優先だと私は思ったのです。未来の自分を想像することで、「やはり高校を出てからにします」と彼が言い出して

も、それはそれでいいと思っていました。結局決めるのは本人自身です。無責任と謗られるかもしれませんが、D君自身が自分で自信を持って決めてくたら、それでいいと私は考えていたのです。

「さようなら」と挨拶した後、「先生、また何かあったら、話に来ていいですか」と言ってくれたので、メルアドの交換をしました。けれども、彼からメールは来ていません。私のことなど忘れているだけかもしれないし、私と話すことを欲するような状況になっていないのかもしれません。彼がどのような人生を歩んでいても、「あの時決断できた自分」を前向きにとらえていてくれたらいいなと願っています（編者のK先生、ごめんなさい。間違った解釈のもとに勝手にアレンジしていると思います）。

この程度の面談でも、おそらくブリーフセラピーと出会う前とはまったく違うやりとりになっていたことでしょう。これが良い面談なのか、どうなのかは、私はわかりません。ただ、D君も私自身も楽しく話せたことは確かです。それだけかよと言われると面目ないのですが。でも、それだけでも大事ですと言い返したい部分もあるのが、私の正直なところです。

第7章

精神科病院における心理相談室の実践から
――「家族ぐるみ」「病院ぐるみ」セラピーができるまで

田崎みどり

はじめに

　筆者は現在、地域貢献のための大学のセンター※1に勤務しています。その前は臨床心理士として精神科病院に勤務し、カウンセリングや心理検査等の心理臨床業務、退院支援や心理教育・家族教室等の多職種によるプログラム(4)、精神科訪問看護(5)(8)等の地域支援に従事していました。この病院には心理相談室があり、そこでは健康保険外でカウンセリングのみの利用もできました。そのため不登校・ひきこもりを主訴とするクライエント（以下 Cl）は、カウンセリングのみを受ける場合、診察とカウンセリングを受ける場合、診察とカウンセリングだけでなくデイケアや作業療法も利用する場合などさまざまでした。

※1　平成23年開設、平成27年に現在の「長崎純心大学地域連携センター」へ改称。行政や地域の社会資源との連携・協働、産業メンタルヘルス支援(9)や対人援助職への技術支援等の地域貢献事業に従事。

その結果、Clやご家族だけでなく医師や看護師、保健師、作業療法士、ソーシャルワーカー、ヘルパー、ケアマネージャー、医療事務など多職種の方々と協働する機会が得られました。これはさまざまな意味で貴重な経験でしたが、なかでもClを取り巻くシステムの「見える化」という点において役立ったように思います。
　加来は、医療機関においてブリーフセラピーを行う際には「従来の『患者』といわれる人たちの他に、医療機関のスタッフもClとみなす必要がある」と述べ、直接治療対象となる「患者」※2だけでなく、「患者」を取り巻く関係者をもClと捉えることを推奨しています。
　筆者もはじめは目の前の「患者」のみをClと捉えていました。しかし、次第に「患者」を取り巻く家族や関係者全体をClと捉えることによって、「家族ぐるみ」「病院ぐるみ」でセラピーを実践できる！　と考えるようになりました。そこでこの章では、精神科病院の心理相談室において不登校・ひきこもり支援にあたったケースをもとに、筆者が考える「家族ぐるみ」「病院ぐるみ」セラピーの生成過程について振り返ってみたいと思います。なお、以下のケースはすべて仮名であり、必要に応じ改変しています。

リソースの力を示してくれた桜子さん

　桜子さんは私立高校進学クラスの1年生。ここ数ヵ月、遅刻したり休んだり、という状態です。お腹がはって痛くなったり、おならが出たりしてしまうため、気になって学校へ行けないのです。
　友だちとの関係は良好で他に問題らしきものはなく、原因もまったく思い当たらないとのこと。お話をうかがってみると、今まで親子でさま

※2　これ以降、本論においてはClを「患者」および「患者」を取り巻く家族や関係者等を含むものとして、一般的に用いられるClよりも広範囲の意味で使用する。また加来に倣い、カウンセリングの対象者を「患者」と表記しClと区別する。

ざまな工夫をされてきていました。消化の悪い食べ物を避ける、お腹を温める、内科と心療内科を受診する、などなど。しかし心療内科の薬をのんだら余計にお腹がはってしまい、もう薬はのみたくない、と悩みに悩んでカウンセリングにいらっしゃったということでした。主にお母さんからこのような経過を聞いた後、桜子さんと面接しました。

　控えめでかわいらしい印象の桜子さんは、口数は多くはありませんが、頷きながらこちらの話をしっかり聞いてくれています。セラピスト（以下Th）は、桜子さんは目立つほうではないけれどしっかりした何かをもっているんだろうな、という印象を受けました。

　まずカウンセリングに来てくれたことについてのお礼を言い、「どんなふうになったら、もうここに来なくてもよくなると思う？」と質問しました。すると、しばらく考えて「……おならが出なくなって、学校に行ければ」とポツリ。しかし、具体的な解決像をイメージするのは難しそうだったので、あらためて桜子さんのリソースを探すことにしました。

　　Th：「あのね、ちょっと別のこと聞いていい？」
　　桜　：（頷く）
　　Th：「高校生になったら、『進路のことも具体的に考えないと！』みたいになってきてるかもしれないんだけど……」
　　桜　：（頷く）
　　Th：「あ、やっぱりそう？」
　　桜　：（頷き、苦笑）
　　Th：「でも、そういうのじゃなくって、大学のどの学部に行くとか、どんな仕事するとか、それで直接お金を稼ぐとかじゃなくって、こんなことできたらいいなぁ……っていうの、何かあるかなぁ？」
　　桜　：（真剣な表情）
　　Th：「今じゃなくても、子どもの頃……たとえば小学生の頃とか、もっと前に好きだったこととかでもいいんだけど……」

すると、桜子さんから「絵本を作りたいと思ってて……」という言葉が！　子どもの頃から絵本と絵を描くことが好きだった桜子さんは、そのうち自分で作れたらいいなぁ、と思っていたんだそうです。
　そこで、「どんな絵本が好き？」「こういうの知ってる？」という話でひとしきり盛り上がりました。その時の桜子さんは、顔がパッと明るくなったようでした。
　その後、しばらくカウンセリングに来てもらうこと、今話したことをお母さんにも伝えることを提案しました。桜子さんから了解が得られたため、続いてお母さんと面接しました。
　Th はお母さんに桜子さんとの面接の報告をし、以下のようにお伝えしました。
　「桜子さんはしっかりした芯をおもちの、とてもよいお子さんですね。とくにお母さんとの関係がすばらしい。困った時にちゃんと相談するのって、当たり前のようでなかなか簡単じゃないんですよ。少し時間はかかるかもしれませんが、これだけしっかりした親子関係をおもちなので、なんとかなると思います」
　すると、お母さんはボロボロ涙を流されました。何か大変な病気なんじゃないだろうか、私の育て方がまずかったんだろうか、仕事を辞めたほうがいいんだろうか、などなど、とっても悩んでおられたとのこと。仕事を辞める必要もないし、今のままで大丈夫、何か気になることがあったらいつでも連絡してください、とお伝えして終了しました。

　その後、桜子さんと数回の面接を実施。多少の波がありながらも少しずつよい方向に向かっていきそうな、そんな7回目の面接の時。もうひと押し何かあるとよさそうだな、と思い立ち、桜子さんに「外在化」（補章参照）の話をしてみました。
　「問題と自分を分けて対応を考えていくための方法なんだけど、試してみる？　桜子さんは絵が上手そうだから、もしよかったら、お腹で悪

さをしているやつの、キャラクターみたいのを作ってみたらどうかなぁ？」
　すると桜子さんは少し考え、それから笑顔で頷いてくれました。

　そしてその２週間後、うれしい報告が！　毎日登校できており、なんと花園へラグビー部の応援にも行ってきたとのこと（この年は、桜子さんの高校のラグビー部が全国大会に出場）。高速バスでの長時間移動もできたというから驚きです。
　「すごーい‼　いったい何があったの？」と驚く Th に、桜子さんは恥ずかしそうにノートを開いて見せてくれました。
　そこには、ゴーグルと手袋・長靴姿でガスボンベを背負い、口にはガスマスク、手に大きなフォークをもったバイキンマンのようなキャラクターが描かれていました。そしてもう１枚の絵では、そのキャラクター複数が、胴体部分が短くて丸っこい飛行機に乗っています。乗り物のなかの彼らはゴーグルもマスクもしておらず、何か企んでいるような顔で飛行機を操作しています。そしてその飛行機にも意地悪そうな、でもどこか憎めない顔があり、先端の鼻にあたる部分がドリルになっています。
　桜子さんによると、彼らがボンベでお腹にガスを充満させたり、フォークでお腹をつついたり、ドリルでお腹をグリグリするので痛みが出ていたとのこと。彼らはとても小さくて数百匹くらいいたけれど、今は数十匹に減っていて、痛みがほとんど気にならないんだそうです。

Th：「そっかぁ、こんなのでやられたら、そりゃあ痛いよね！」
桜　：（笑い、頷く）
Th：「あと、今もまったくいないわけじゃないんだね」
桜　：（頷く）
Th：「でも、気になるほどじゃない」
桜　：（頷く）

Th:「いやぁ、よかった！」
桜 :（頷き、笑顔）
Th:「でも、ほんとにこれだけ？」
桜 :（「え？」という顔）
Th:「なんか他にもあったんじゃない？（笑）……あ、わかった！　ラグビーでしょ⁉」
桜 :（笑い、頷く）
Th:「やっぱり〜〜〜！　私も行ったことあるけど、生で見ると全然違うもんね！」

　ここで桜子さんは大きく頷き、「カッコよかった！」と今まででいちばんの笑顔。その後、経過を確認するため少し間を開けて来てもらう予定でしたが、問題ないとの連絡がお母さんからあり、終了しました。

*

　このケースは、Thがカウンセリングの仕事を始めてからあまり間がない頃のものです。すべての面接に全力投球し、起こった変化に一喜一憂していました。なかでも桜子さんはとくに印象深く、今でも鮮明に記憶に残っています。「患者」は困難とともに多くのリソースをもっていて、リソースを使って自分の力で変化を起こすことができるんだ、ということを強く印象づけてくれました。
　「クライエントの方々にはそもそも解決の能力があるのだけれど何かの拍子にそれが発揮されていない。（中略）私たちは、そこでじゃまになっているものを除くお手伝いをさせていただき、後は自らの力で進んでいってもらう」(7)という言葉を最初に実感させてくれたのが、Thにとっては桜子さんでした。

協働の可能性を拡げてくれた夏美さん

　中学2年生の夏美さんは幼い頃からテニススクールに通い、部活はもちろんそれ以外でもさまざまな大会で活躍してきました。友だちも多く、学校でもリーダー的存在です。その夏美さんが、学校を休みがちになってしまいました。夏美さんの友だち同士がケンカをしていた時、夏美さんが双方の相談に乗っていたことが発覚し、トラブルに巻き込まれてしまったのです。

　家でもイライラして、ずっとスマホを気にしてばかり。しだいに腹痛や湿疹などの症状がではじめ、朝起きられなくなり、なかなか学校に行けません。がんばって登校しても、態度が悪いと学校で注意されてしまいました。そして、ついには不眠も出現。

　両親は夏美さんのことが心配でたまらず、こっそり夏美さんのスマホを覗いてみました。すると、友だちとのSNSのやりとりのなかに「死ね」等さまざまな暴言が……。両親は愕然とし、中学校のスクールカウンセラー（以下SC）に相談しました。

　そのSCからの紹介で、両親でThの心理相談室へいらっしゃいました。お母さんは、夏美さんは病気なのではないかと当院の受診を希望、しかしお父さんはそうは思えないと受診に反対でした。Thには、どちらの言い分も納得できました。そこでそのことをお伝えし、病気かどうかの判断はいったん棚上げして、不眠改善のための受診を提案しました。両親から同意が得られ、夏美さんが来院しました。

　診察前にThも夏美さんに会いましたが、夏美さんは顔も上げず、ほとんど口を開きません。しかし予診票は自分で記入。そこには「眠れるようになりたい」としっかりした字で書いてありました。診察では、初診の医師より病気ではない可能性が高いと説明があり、いちばん軽い眠剤のみ処方されました。

その数日後、お母さんから泣きながらお電話がありました。薬をのんですぐ不眠は解消し、学校にも行くようになった。それなのに家での様子が変わらない、というのです。
　カウンセリングでくわしくお話をうかがうと、相談室登校が認められて学校には行けるようになったが、家では相変わらず不機嫌で、「お母さんが怒るからこうなった」と文句を言う。怒らないよう我慢しているが、どうしたらよいかわからない、ということでした。
　そこで、こうなる前の様子をくわしくうかがいました。すると以前のお母さんは子育てにも自信をもっていて、子どもを怒る時はしっかり怒り、遊ぶ時はしっかり遊ぶ、といったメリハリのある対応をなさっていたとのこと。しかし、人に相談するたびに「今まで厳しすぎたのでは？」「もっと甘えさせるべき」「あなたがしっかりしないと」など異なることを言われ、すっかり自信をなくしていることがわかりました。
　Thは、お母さんにこう言いました。
　「今、お母さんがこんなふうになっておられるのは、お母さんがとっても愛情深いからだと思うんです。愛情が深いからこそ、どうしたらいいかわからないくらい悩んでおられるんですよ。でも、それって必要なことなんですよ！　子どもの立場からすると、自分がすっごく大変！ってなってるのに、まったく動じないお母さんっていうのも嫌なもんです（笑）」
　すると、お母さんの表情がちょっと緩みました。そこでThは続けました。

Th：「でね、子どもはお母さんが自分のことを心配してくれるのは嬉しいんだけど、心配し過ぎてお母さんの元気がなくなっちゃうと、それはそれで困っちゃうんですよ。自分がこんなだからお母さん元気ないんだ、自分のせいだ、って思うから」
母：「そうなんでしょうか!?」

Th：「そうなんです。それでお聞きしたいんですけど、お母さん、怒るのを我慢してるんですっけ？」

母：「はい。私が怒るからこうなった、と夏美にも言われますし……。でも、好き放題で最近は本当に頭にくるというか……」

Th：「うんうん。お母さん、頭にくるようになったのは最近？」

母：「えぇ、でも怒って前のようになったらって……」

Th：「ということは、学校に行けなくなった頃は、そうじゃなかった」

母：「もちろんです！ あの頃は、夏美が本当に病気になってしまったと思っていましたので」

Th：「ですよね。その頃は、そう思っていた」

母：「えぇ、その頃はそうとしか……あ、ということは！」

Th：「と、いうことは？」

母：「あー、今は病気じゃないって思ってるんですね、私（笑）」

Th：「（頷いて）そうみたいですね（笑）。でね、お母さん、ひとつお願いがあるんですけど」

母：「はい」

Th：「お母さん、怒ってもらえません？」

母：「え!?」

Th：「今すぐじゃなくても、お母さんが怒れそうな時でかまいません。まあ、きっと元気になられたら、自然におできになるんでしょうけど」

母：「……大丈夫でしょうか？ 前のようになったらと、それが心配で」

Th：「（頷いて）大丈夫です、夏美さんは病気じゃありませんから。ただね、ちょっと引くに引けなくなっちゃってるだけなんですよ」

母：「だといいんですけど……」

Th：「ただ、無理しないのがいちばんですから！ 無理して怒っても夏美さんにばれちゃうでしょ？ だから、自然にやれそうな時があったらやってみてください。それで、どうだったか、また教えてもらえますか？」

母：「わかりました」

　その後、お母さんより「怒りました！」と元気な声でお電話がありました。それからは夏美さんの様子も改善。お母さんは、たまに文句を言ってきても聞き流すことができるようになり、数日前から仕事にも出ているとのことでした。

　学校の様子を知りたいとのお母さんの要望もあり、SC にも来てもらってお母さんと面接することとなりました。夏美さんは数日中に教室へ戻ることを考えており、SC とその話をしているとのこと。家でも学校でも気になる様子がなくなってきているため、カウンセリングはいったん終了。その後、時々SC がフォローしながら無事に高校へ進学したとのことです。

＊

　このケースは、Th が臨床心理士になって数年経った頃のものです。Th の関心が「患者」個人の変化から、「患者」を取り巻くシステムの変化へと移行している頃でした。Th は夏美さんと一度しか会っていませんし、ほとんど話もできませんでした。そのようななかで「夏美さんは大丈夫」と思えたのは、学校での様子を把握している SC との連携あってこそでした。SC に学校での様子を確認しながら、まずはお母さんをサポートするという基本方針を共有し、両者で一貫した対応ができたことがおおいに影響していたように思います。

　自分だけではどうしたらよいかわからない場合も、家族や関係者との協働により支援の可能性が広がるんだ、ということを実感させてくれたケースでした。

「場」を活かした支援について教えてくれた秋生くん

　ある日の午後、新患の担当医から困った様子で連絡がありました。「検査をお願いしたいんだけど……。ただ、まったくしゃべらないし、頷くこともないの。お母さんの話は聞けたけど、それだけじゃなんとも言えなくて……。私も初めてのケースでとにかく情報がほしいから、できる検査があったら全部やってもらえないかしら？」
　そこでさっそく、秋生くんとお母さんにお会いしました。
　お母さんによると、秋生くんは小中高と学校を休むこともなく成績も上位。しゃべらないこと以外はまったく問題なし。絵が得意でずっと習っていたそうです。友だちもまったくいないわけではなく、今でも時々メールをしたりゲームをしに来る同級生がいるそうです。
　ご両親は絵で何か仕事ができればと考えていましたが、やはり話ができないと難しいと思うようになり、20歳になったのを機に今回の受診に至ったとのこと。今まで相談機関にも行ったことはなく、今回が初めての相談でした。まずは当院でできることを考えていくために検査をさせていただきたいとの説明をし、日程調整をしてその日は終了しました。
　さて、どうしよう？　主治医も言っていましたが、Thもこのようなケースは初めてでした。そこで一緒に仕事をしている後輩たちに相談しました。
　「絵が得意なんだったら、まずはバウムテスト[※3]かな？」
　「そうですね！　あ、でも絵についての質問はどうしましょう？」
　「うーん、書いてくれないかなぁ？」
　「学校の試験みたいに、解答用紙を作ってみます？」
　「それいいね！　あ、最近使ってないけど集団式の知能検査があったよね？」

※3　樹木を描いてもらう描画テストの一種。実施後に「どんな木ですか」等の質問をすることが一般的。

「あー、あれなら学校の試験みたいな感じでいいかもしれませんね」
「質問紙がどの程度やれるのか、TEG※4はやってみていいんじゃないでしょうか？」
といった感じで計画を立て、第一弾として①解答用紙つきのバウムテスト、②集団式の知能検査、③TEGを用意し、次の来談時に実施しました。

バウムテストは時間をかけて重厚な木が繊細なタッチで描かれ、実施後の解答用紙（自由記述式）には名前と日付以外は記入されませんでした。また集団式の知能検査では、すべての作業にスムーズに取り組んでいました。

その後、休憩を挟んでTEGを実施。しかし、秋生くんは鉛筆を持って取り組もうとするものの、なかなか筆がすすみません。そしてついに、まったく動かなくなってしまいました。

「ちょっと疲れちゃったかなぁ。今日はもうやめる？」などと話しかけてみるものの、秋生くんはフリーズしたままです。困ったなぁ、やり過ぎたかなぁ……と考えていた時、ふと部屋の隅のパソコンが目に入りました。「ちょっと待っててね」とThは秋生くんに声をかけ、ワープロソフトで以下のように入力しました。

```
1．別の検査をする。
2．別の日にする。
3．家で書いて持ってくる。
4．その他（           ）
答え（   ）
```

そして秋生くんに回答をお願いしました。秋生くんはしばらくじっと画面を見つめていましたが、ゆっくりゆっくり指を動かし、キーボード

※4　交流分析に基づいて作成された53項目の質問からなる性格検査。「はい」「いいえ」「どちらでもない」で回答する形式。

で「答え（　）」のところに「3」と入力しました。Thは「わかった！　じゃあ今日はもうこれで終わりにするね。がんばってくれてどうもありがとう！」と、次回家で回答したTEGを持ってきてもらうようお願いし、終了しました。

　第一弾の検査より、秋生くんは検査者の指示を的確に把握できていること、自由記載は難しいが選択肢があれば回答できること、また検査者へ協力しようとする姿勢を有していることがわかりました。これらの結果をもとに、第二弾の計画を立てました。
「自由記載が難しいってなると、WAIS※5は厳しいかなぁ……」
「そうですねぇ、選択肢つけられないですもんね」
「PFスタディ※6とりたいけど、自由記載だしねぇ」
「ですよね」
「……できないかなぁ？（笑）」
「えーっ？　選択肢つきにするってことですか？」
「そうそう」
「やってみましょうか！」
　ということで、PFスタディに3種類（他罰的・自罰的・無罰的）の選択肢を用意した改変PFスタディを作成しました。そして次の来談時、検査の第二弾としてこの改変PFスタディ※7を実施したところ、すべての

※5　ウェクスラー成人知能検査。さまざまな課題を通し動作性知能と言語性知能の測定が可能だが、言語性知能では発語が求められるため本ケースでの実施は困難と考えられた。
※6　日常的に経験される欲求不満場面を絵で示し、それに対する言語的反応を自記式で記入するパーソナリティ検査。
※7　改変PFスタディは、TEGを実施した際の秋生くんの反応をヒントとし、会話場面のコミュニケーションに関する何らかの情報が得られるのではないかとの仮説に基づき作成した。パーソナリティ傾向の把握を目的としてはいないためPFスタディとしての分析は行わず、どのようなコミュニケーションを志向するのか、絵と言葉から場の状況がどの程度把握できているのか、といった点に注目している。検査として正しい実施方法ではないが、主治医のニーズに基づき試みとして実施した。

項目で回答が得られました。ほとんどが無罰的な回答で、回答からは場の状況をよく読めていることがうかがわれました。またTEGでは、すべて「どちらでもない」が選択されていました。これらの結果より、秋生くんについて以下の仮説が生じました。

仮説①相手の発言は理解できており、情報のインプットには問題なさそう。
仮説②インプットした情報を処理する過程にも問題はなさそう。
仮説③自分で言葉を選び発する、というアウトプットは困難。しかし選択肢を選ぶことはできるため、選択肢を用意し発話以外の意思表示ができる方法があればやりとりが可能となるかもしれない。

その後、秋生くんはしばらくカウンセリングに通うことになりました。経過をみて今後の方向性を検討することを主治医が勧め、その方法としてカウンセリングが提案されたためです。

カウンセリングは2名のThで担当し、Thらの会話場面を見せながら秋生くんが言葉を選択する機会を提供することを目的としました。そして、赤、青、黄の3色の小さな旗と質問への選択肢を用意し、その色の旗を揚げてもらうようにしました。たとえばこんな感じです。

Th1：「こんにちは！　ちょっと久しぶりねー」
Th2：「ほんとですねー、年末年始はさみましたもんね」
秋　：（無言のまま）
Th1：「そういえば、紅白（歌合戦）、ひさびさ紅が勝ったよね！」
Th2：「そうでしたね！　でも、私はお笑いのほう見てた（笑）」
Th1：「えー、そしたら勝った瞬間見逃した？」
Th2：「見逃しましたねー（笑）」

秋　：（やや表情緩む）
Th1：「秋生くんは何を見てたかな？　じゃあ、今日はこれを聞いてみよう！　大みそかにみてたテレビね、紅白だったら赤、お笑いだったら青、えっと、あと何があるかなぁ……」
Th2：「格闘技？」
Th1：「そうだね。じゃあ、格闘技だったら黄色ね。では、お願いします！」
秋　：（……ゆるゆると青色の旗に手を延ばす）
Th1：「おーっ！　お笑い！」
Th2：「やっぱりー！　おもしろかったよねー（笑）」
秋　：（笑顔）

　ある日、秋生くんのカウンセリング実施後1時間ほど経った頃、受付のスタッフから慌てた様子で相談室に電話がありました。「すごくお待たせしてしまって、秋生くんの会計、さっき終わったの。申し訳ないってお伝えしたんだけど、何も言わずに帰られてしまって……怒らせちゃったよね、どうしよう!?」ということでした。もともと発話がないことをThが説明しにいくと、受付スタッフは「えーっ？　じゃあカウンセリングって何してるの!?」と驚くと同時に、秋生くんにも関心をもってくれました。Thは、カウンセリングの詳細な内容は伝えられないものの、目的や方法などを説明し、よかったら時々受付での様子を教えてほしいとお願いしました。すると、受付から外来の看護スタッフにも情報が伝わり、受付だけでなく外来でも時々秋生くんに声をかけてくれるようになりました。
　秋生くんのカウンセリングは、定期的にご両親を呼んで経過を報告しながら2年ほど続きました。最初は旗に触れるだけだった動作は少しずつ大きくなり、持って揚げてくれるようになりました。受付や外来のスタッフからも「最近目が合うようになったよ」「話しかけたらちょっと

笑ってくれたよ」などと言われるようになりました。カウンセリングで秋生くんの発話がみられることはありませんでしたが、就労支援事業所への通所が軌道に乗ったところで終了となりました。

＊

　当初、Th らにとって初診時の「しゃべらないこと以外はまったく問題ない」というお母さんの言葉はなかば信じられませんでした。しかし、秋生くんと定期的に顔を合わせていくと、Th にもお母さんの言葉が納得できるような気がしてきました。なぜならカウンセリングを続けるなかで、秋生くんとのやりとりはまるでゲームのルール（遊び）のようになり、少なくともカウンセリング場面においてはほぼ問題とは感じられなくなっていたからです。

　ただ、このように秋生くんとのカウンセリングを実施できたのは、秋生くんやご家族が受け入れてくれたこと、Th 間で目的を共有でき主治医も賛同してくれたこと、そして受付や外来のスタッフが協力してくれたことが大きかったように思います。精神科病院は、まるでひとつのコミュニティです。受付でカードを出し、外来スタッフに名前を呼ばれ、終了後には支払いをする。たまにはカードを出したのに名前を呼ばれないことがあったり、待っている間に隣の患者さんに話しかけられる、などなどコントロールできないことも多々あります。しかし、それらはすべて偶発的な出来事というリソースです。

　Th は、秋生くんがこれから何をするにしても、まずはさまざまな人とさまざまなコミュニケーションをする機会を増やすことが必要と考えていました。そしてそのためには、カウンセリングだけよりも精神科病院の場を活かすほうが効果的だと思われました。それがどの程度効果を奏したのか、そこはなんともいえません。しかしカウンセリングに来ることによって、家庭では生じにくい偶発的な出来事に遭遇してちょっぴり困ってもらう、といったことの積み重ねは、秋生くんが次のステップ

へ進むことに少しは貢献できたのでは、と密かに思っています。

ブリーフセラピーによる Cl の捉え方とその効用

　不登校・ひきこもり支援のケースとして3つのケースを振り返ってきました。桜子さんのケースでは、桜子さんを Cl とみなしたカウンセリングを行っています。夏美さんのケースでは夏美さん、母親、父親、そして紹介者の SC を Cl とみなし、Th は間接的に夏美さんを支援することを目的として母親へのコンサルテーションを行いました。そして秋生くんのケースでは、秋生くん、ご家族、主治医、受付と外来スタッフを Cl とみなし、秋生くんのカウンセリングに加え、秋生くんを取り巻く環境へもアプローチすることで間接的に秋生くんを支えることを試みました。

　黒沢(6)は、「コンサルテーションの活動の背景には、『個人が個人を』ではなく、『みんなでみんなを』援助するというコミュニティ援助の発想がある」とし、ブリーフセラピーに含まれる「リソース（資源）」「ユーティライゼーション（利用）」「解決・未来志向」といった発想がコミュニティという場を活かす援助に適していると述べています。

　医療に限ったことではありませんが、「患者」や家族およびそれぞれの関係者は、問題やその原因についてそれぞれの立場で異なる視点と言語、そしてそれに基づくストーリーをもっています。自分以外の関係者をも Cl とみなすことにより、関係者それぞれのストーリーを尊重しやすくなり、それぞれと会話を続けやすくなります。そして会話を続けていくことで、それぞれのリソースを発見しやすくなります。また Th が直接「患者」を支援するだけでなく、関係者へアプローチすることで「患者」を間接的に支援できる可能性も広がります。

　しかし、「患者」と家族、および関係者が解決像を共有したうえで協働していくためには、その下地として誰もが用いることができる言語が

必要です。土居は「甘え」などの日常語にこだわってきたみずからの研究を振り返り、治療者は「専門語と日常語との間の風通しをよくしておくことが絶対に必要」と述べています。なぜなら、日常語は使われるコンテクストによって少しずつ意味が変化しますが、専門語は定義のなかにコンテクストが組み込まれており、意味もコンテクストも原則として変わりありません。しかし、専門語であっても日常語のように、「使い手が知らず知らずの中に新しい意味をそこに付与することもある」と土居は指摘しているのです。

　ブリーフセラピーは、セラピーを「治療的会話※8」と捉える視点を有しています。そこには「治療」という専門的な行為と「会話」という日常のありようをつなごうとする姿勢が示されており、土居の指摘とも一致しているように思われます。「患者」および家族、そして関係者との「治療的会話」には、この常に変化し続ける言語の用いられ方への注目が欠かせません。Cl 一人ひとりとの地道な会話なくして、会話のなかで新たに生じる意味を構成し、それらを活用することは困難です。

　筆者は、自分以外の関係者すべてを Cl とみなすことにより、「『みんなでみんなを』援助するというコミュニティ援助」の可能性が広がるのではないかと考えています。私たちは誰もが何らかの組織や地域に属しています。「みんなでみんなを」の「みんな」には、当然 Th も含まれます。だからこそ、この視点は医療現場だけでなく他領域、そして地域においても活用できる！　そのことを地域貢献事業に従事しながら日々実感しています。

※8　治療的会話（therapeutic conversation）という語は、セラピーを会話と捉えようとする社会構成主義に基づくセラピーにおいて用いられることが多い。ブリーフセラピーの領域では、ナラティヴ・セラピーや解決志向アプローチなどが該当する。アンダーソンとグーリシャンはセラピーを「治療的会話という領域内での言語的な出来事」とし、「セラピーと治療的会話に必要なのは、会話を維持していくこと」と、会話を続けていくことの意義を強調している。

[文　献]
（1）Anderson, H., Goolishian, H. (1988) Human systems as linguistic systems : preliminary and evolving ideas about the implications for clinical theory. *Family Process* 27(4), 371-393.（「言語システムとしてのヒューマンシステム：臨床的発展に向けてのいくつかの理念」野村直樹著訳〔2013〕『協働するナラティヴ：グーリシャンとアンダーソンによる論文「言語システムとしてのヒューマンシステム」』遠見書房，pp.27-100.）
（2）土居健郎（1991）「日常語と専門語そして精神医学」『精神神経学雑誌』93(9), 745-750.
（3）加来洋一（2007）「ブリーフセラピーが心理臨床家の養成に貢献できることは何か：医療の現場から」『ブリーフサイコセラピー研究』16(1), 47-51.
（4）木下みどり（2007）「フィールドワークから会話へ，そして精神科臨床へ」『ブリーフサイコセラピー研究』16(2), 119-123.
（5）木下みどり（2007）「会話を続けていくことの意義とその効果：妄想に変化が生じた統合失調症患者の事例から」『ブリーフサイコセラピー研究』16(2), 84-94.
（6）黒沢幸子（2008）「学校コンサルテーション・SFAモデルの利点と課題」『ブリーフサイコセラピー研究』17(1), 18-36.
（7）坂本真佐哉，和田憲明，東豊（2001）『心理療法テクニックのススメ』金子書房
（8）田崎みどり（2009）「訪問看護と心理臨床（エッセイ：リンショウゲンバ）」『臨床心理学』9(1), 127-129.
（9）田崎みどり，児島達美（2014）「ブリーフなラインケアのためのコンサルテーション：産業臨床におけるEAPの実践から」『こころの科学』176, 49-53.

第8章

社会福祉の現場から

長沼葉月

はじめに

　「社会福祉の現場から」という幅広いお題をいただいて、当初の私は戸惑ってしまいました。「社会福祉の現場」というのは「臨床心理の現場」と同様に広い学問領域の名前でもありますから、高齢者福祉、障がい者福祉、児童福祉、医療福祉、公的扶助や生活困窮者支援その他さまざまな領域があります。

　不登校やひきこもりに関係があるのは児童福祉だけのように思えますが、必ずしもそうではありません。たとえば地域における高齢者福祉の中核的相談機能を担っている「地域包括支援センター」の職員と情報交換をしていると、介護を要する利用者のお宅に家庭訪問した際、不登校・ひきこもりの子ども（高齢者本人にとっては孫）が在宅していることがあるそうです。主たる介護を引き受けている親（高齢者本人にとっては子）は、介護と生活維持で手一杯で、子どものことで相談に出向く

時間を確保するのも大変で、家庭訪問に来た介護支援専門員に相談をもちかけるものの、介護支援専門員もなんと答えたらよいか戸惑ってしまう……そんな話を聞くことがあります。

　おそらく、どの社会福祉の現場で働く人も、そこに不登校・ひきこもりの子どもの姿が立ち現れてきたことがあると思います。所属機関の役割・機能によって、それぞれの現場や立場でできることは異なるでしょう。いろいろ思案したあげく、社会福祉の現場を広く考えるより、私個人の限られた体験に基づいてブリーフセラピーをどう活用してきたか、紹介してみることにしました。なお、私が実践しているブリーフセラピーは、ソリューション・フォーカスト・ブリーフセラピー⁽¹⁾が中心ですが、ホワイト＆エプストンモデルのナラティヴ・セラピー⁽²⁾やエリクソニアン・アプローチ⁽³⁾の影響も受けています。

　私は、A県のスクールソーシャルワーカーとして活動していました。県の教育委員会で採用され、県内のある市に派遣されました。小さな市で、市内の全小中学校を合わせても10校にとどきません。勤務時間は週1日7時間、年間35週ということでしたが、毎週決まった曜日に7時間勤務するより、学校や家庭の都合に合わせて多少柔軟に勤務時間を調整したほうがいいと前任者から引き継ぎを受け、そのように実践してきました。本稿では、主にスクールソーシャルワークの実践のなかで、ブリーフセラピーをどのように活かしてきたのかを中心に記述していきたいと思います。

スクールソーシャルワーカー何するものぞ

　スクールソーシャルワーカー（以下SSW）とは、どのような役割を期待されているものなのでしょうか。文部科学省のスクールソーシャルワーカー活用事業実施要領によれば、「いじめ、不登校、暴力行為、児童虐待など生徒指導上の課題に対応するため、教育分野に関する知識に加

えて、社会福祉等の専門的な知識・技術を用いて、児童生徒の置かれた様々な環境に働き掛けて支援を行う」と位置づけられています[※1]。児童生徒の心理面にアプローチするというより、環境への働きかけを中心として支援を行う存在です。

ここには、ソーシャルワーカーが「人と環境との接点から介入を行う」専門職であると定義づけられていた[※2]ことに加えて、すでに学校にはスクールカウンセラー（以下 SC）が配置されていたことも関係しているのかもしれません。SC は、文部科学省のスクールカウンセラー等活用事業実施要領に従えば「児童生徒の心のケアに加え、教員のカウンセリング能力等の向上のための校内研修や児童生徒の困難・ストレスへの対処方法等に資する教育プログラムを実施する」者とされています[※3]。このように国の制度としては、SC は心のケア、SSW は環境に対する働きかけと、定義を変えることによって差別化を図っているものと思われます。

しかし現実的には、20年近く学校における希少な外部専門家として活動してきた SC は、心理面に特化した活動以外にも多様な活動を担ってきました。たとえば文部科学省が平成22（2010）年にまとめた「生徒指導提要」では、SC の主な業務として「児童生徒へのアセスメント活動、児童生徒や保護者へのカウンセリング活動、学校内におけるチーム体制の支援、保護者・教職員に対する支援・相談・情報提供、関係機関等の紹介、教職員などへの研修活動」を多様な事例とともに挙げています。

※1　文部科学省「平成25年度スクールソーシャルワーカー実践活動事例集」（平成26年9月）の参考資料に所収。http://www.mext.go.jp/a_menu/shotou/seitoshidou/__icsFiles/afieldfile/2016/02/08/1366599_05.pdf

※2　国際ソーシャルワーク連盟で2000年に採択された「ソーシャルワークの国際定義」の文言の一部。2014年に本定義は改訂され、「ソーシャルワークのグローバル定義」となった。新しい定義の主文には人と環境との接点からの介入という表現がみられなくなったが、解説文には引き続き記載されており、重要な視点であることに変わりはない。

※3　文部科学省「スクールカウンセラー等活用事業実施要領」（平成25年4月1日初等中等教育局長決定、平成27年4月1日一部改正）http://www.mext.go.jp/a_menu/shotou/seitoshidou/1341500.htm

「心のケア」に特化した活動に限局しているわけではありません。一方、当時まだ配置が始まったばかりのSSWについては具体的な活用例の紹介はなく、「教育現場、学校の理解がまだ十分ではないことや一部には誤解も見受けられる」ので、市町村ごとに活用指針を設けるようにと促されるにとどまっていました。

そのため私もSSWとしての活動について、最初はあまり具体的なイメージが膨らみませんでした。先述したSSW活用事業実施要領では、その業務として「①問題を抱える児童生徒が置かれた環境への働き掛け、②関係機関等とのネットワークの構築、連携・調整、③学校内におけるチーム体制の構築、支援、④保護者、教職員等に対する支援・相談・情報提供、⑤教職員等への研修活動」と書かれています。ですので、この曖昧な表現を大枠として、後は現場のニーズに応える形でやってみよう、と考えて臨みました。

先述のように、私の勤務時間は1日7時間、年間35日分でした。この時間を現場に合わせて柔軟に調整してよいとのことでしたので、私は1ヵ月あたり約20時間程度と割り振って活動しました。そうなると、週あたり4時間ということです。担当地域は3つの中学校区で、その地域に住まう公立学校に通うすべての小中学生が対象となりえます。

以下、ふたつの事例を挙げて実際の取り組みを描き出してみようと思います。とはいえ、事例はすべて複数の事例を混合して創作した架空事例です。というのも、SSWの活動では本人や家族と面談をしないこともあり、したとしても1回だけだったりします。そうなると本人や家族から直接公表の承諾を得るのが難しいのです。

中学校入学に向けての取り組み支援

ある中学校で、3年生に不登校男子がいるとの相談をいただきました。経済的に困窮している家庭のようですが、両親は共働きで、学校側は家

族とほとんど連絡がとれません。すでに卒業した上の兄も不登校だったそうで、その時も両親ともに積極的に学校に行かせようとはしていなかったとのことです。

そういう情報が伝えられていたので、どうせ誰にどう連絡してもつながらないだろうと学校もあきらめ気味でした。もちろん週に１回の電話連絡はされていましたが、いつも留守電か、留守電にすら切り替わらないでコール音だけがむなしく響くという状況だったとのこと。私は家庭訪問に同行することを提案しましたが、教員が何度か訪問していたけれども「たまにしか会えない」ということで、わざわざ私が行ってもどうせ会えないだろうから、と実現しませんでした。

手紙を書いて届けたり、市役所と情報交換しながら家族の様子を把握して危険度を確かめたり、稀に担任が本人に会える時にどんなふうにやりとりするかを考えたりなど、細々とできる支援を繰り返しているうちに、あっという間に年度末が迫ってきました。

その時期に、その男子生徒には小学６年生の妹Ａさんがおり、中学校への新入学を控えているという話題があがってきました。小学生のＡさんも不登校気味だそうですが、まだ学校に来ているようです。なぜＡさんは学校に来られているのでしょうか？　小学校は、両親とどのように連絡がとれているのでしょうか？　何かそこにヒントはないか知りたいと思い、小学校と中学校の合同のケース会議を提案しました。

ブリーフセラピーの基本の発想、まずは「リソース」探しです。今できていることには、必ずそれを支えているリソースがあるはず。それは何でしょう？　そこでケース会議に小学校の先生に来ていただき、小中合同で、それぞれの「卒業」をどう支援するかと、Ａさんの中学入学をどう支えるか、ということを話し合うことにしました。

実際の会議で浮かび上がったのは、小学校でも両親との連絡がとりづらいことに悩んでいることでした。登校はなんとかできているけれど、決して安定しているわけではなく、他の生徒との交流も充実してはいま

せんでした。本人にも両親にも会っていないSSWとしては、ケース会議でできることはひとつでした。ひたすら解決志向ブリーフセラピー的な質問を投げかけることだけです。

〈そんなに交流しているわけではないのに、どうしてAさんは学校に来てくれるんでしょう？　何が役に立っていると思いますか？　休んでもおかしくないのに、通い続けてくれるのはどうしてでしょうか〉〈学校では何か準備なさったり配慮されたりしていることはありますか？〉〈Aさんは言葉でのやりとりをほとんどしないようですが、担任の先生はどうしてそんなに彼女の意思を把握してらっしゃるんですか？　どんなふうに聴き取りをされるんですか？　工夫してらっしゃることは何ですか？〉〈これまで、中学校ではお兄さんたちの連絡がとれない時に、誰に頼ってどのように連絡をとってこられたんでしょうか〉〈それから？　ほかには？〉……と、典型的な今あるリソースを探索していく質問を積み重ねました。

そして、どんな小さなことでもいいので、出てきた答えを「できていること・やれていること」とみなして黒板に書き出していきました。さらにそれらを実現させている本人や家族、小中学校の教員の取り組みに焦点を当てて、その答えをやはりどんな小さなことであれ黒板に書き出していきました。

そのうちに、参加者の間に「本当に学校側としては困ってしまうケースだけれども、なんとか生きているし、完全に学校を拒否しているわけでもないし、10回働きかければ1回は反応してくれるかもしれないね……」といったわずかな希望がみえてきました。そのあたりから、中学校の先生たちはお兄さんの卒業に向けての両親とのやりとりの方向性を、小学校の先生たちはAさんの卒業に向けてのやりとりを考えるようになり、お互いに雑談的に相談を始めました。当初は書き出された板書を腕組みしながら眺めていた先生たちが、「そうか……次はこうしてみようか」と次の手立てを発言し始めたので、私も適宜口を挟み、「それは大

事なアイディアなので、書きますね。待ってください」とお願いしながら、「今後のこと」と見出しを作って書き出しました。

　そこに至って、中学校の管理職の先生が「お兄ちゃんが卒業したら今度はAさんか。大丈夫かなぁ」とつぶやいてくれました。こういう先の見通しをもったつぶやきは大事です！　すかさず私も反応し、〈『大丈夫かなぁ』って、どういうことを気にかけてくださっているんですか？〉と問いかけてみました。すると、入学にあたっていろいろな手続きが必要だと言われます。

　〈たとえば？〉「まずは制服を仕立てないといけない」〈いつ、どこでどんなふうに？〉「学校に業者さんが来てくれる日があるけれど、連絡のプリントは見てないだろうし、その日に本人に来てもらうのも難しいし……でも、初めての女の子で制服が違うってご両親はわかっているかしら……」〈なるほど、たくさんの心配ごとがあるんですね。ほかには？〉「制服だけじゃなくて、体操服とか上履きなどの準備も必要」〈ほかには？〉「そういうものを買うお金なんてないんじゃないかなぁ」

　などと、たくさんの気がかりを教えてくださいました。すごく具体的で、かつ時間的にも切迫した大事な課題が次々と出てきました。私もそれに乗っかって、さらに未来時間のイメージを展開してみました。

　〈じゃあ、仮になんとか先生方のご配慮で制服を手に入れて、入学式の日に中学校に来たとします。Aさんはどんなふうになりそうですか？入学式当日は、右も左もわからない新１年生がうろうろ、ざわざわしているかもしれません〉。私はここで少し演技的にうろうろ、きょろきょろしている様子を再現しながら、なんとなく目の合った小学校の担任の先生に投げかけてみました。〈先生はこのなかで一番Aさんをご存じかと思いますが……Aさんはどんなことをやりそうですか？〉

　小学校の担任は、本人になったつもりになったり、自分だったらどうAさんを支援するかと想像したりしながら答えてくれました。

　「どうだろう……うーん。人ごみを避けて、ちょっとふらふらーっと

第8章　社会福祉の現場から　127

さまよってしまうかもしれない。でもそばに立って、『いま体育館に向かうんだよ、こっちだよ』って言ったらついてきてくれるかもしれない」〈そうしたら？　式の最中はどうでしょうかねぇ〉「式に入れば大丈夫だと思います。おとなしくしてくれると思います」〈おお……。では、通常授業が始まったらどうでしょう。今みたいに、空き教室に行きたがるとしたらどんな時でしょうかねぇ〉「わからないなぁ……。中学校だと毎回先生が変わるから、苦手な先生とか教室移動があったりするとダメかもしれないねぇ……」

　となると、今度は中学校の先生から、入学式当日の役割分担や混乱した状況を想定しながら、誰がどこまでなら対応できるか、と想像しながらの話し合いがどんどん広がっていきました。

　こんな調子で、「制服を手に入れるにはどのようなプロセスが必要で、普通はどのようにそのプロセスをたどるものなのか、Aさんのご家庭だったらそれがどうなりそうか」「新入学までの情報はどのように手に入れるものなのか」などと、徐々に事前準備にまで問いを広げて投げかけていくと、もちろんできることとできないことはありますが、「じゃあ、小学校に机のなかの荷物を取りに来てくれたら、そのまま中学校に連絡いただいて……」「中学校から教員が会いに行きますよ。顔写真とかありますか？」「制服交換会の余りでサイズが合いそうなものがあったら、少しだけでも渡せるか、調べてみようよ」などと次々にアイディアを出し合い、現実的な対策を進めてくださいました。

　その後、Aさんとお兄さんそれぞれの卒業に至るまでの両親とのやりとりにはやはりさまざまな課題があったものの、なんとか制服のスカートだけは見本として届けることができ、制服をそろえてきてほしいと伝えることができたといいます。どんなふうに工面したかはわからないけれど、サイズはちぐはぐながらかろうじて制服を整えて入学式に現れたAさんは、大勢の人でごった返しているのを見て一瞬いやそうに踵を返

したそうですが、待機していた管理職の教員がそっと声をかけ、「一緒に講堂に行って入学式に出よう」と誘導すると、おとなしくついてきたそうです。そのまま入学式に参加し、担任とともに教室に入り、学活に参加して１日目は無事に過ぎました。２日目も３日目も、そのまま無事に学校に通い続けてくれたそうです。

　新学期が始まってから、〈何がよかったんでしょう？　どうしてＡさんは、小学校は休みがちだったのに、中学校はこんなに来られているんでしょう？〉と先生方に尋ねてみました。どの先生にお聞きしても「わかりません」とお答えになるばかり。とりあえず、何がよかったのかもよくわからないままではありますが、なんとか中学校に通い続けてくれているようです。

いやな人・圧力をかける人として

　SSWは時にいやな人の役をしなければならないこともあります。これは、ちょっとしんどい仕事です。腹をくくっていないとできませんし、チームを信頼しないとなかなかできません。どういうことでしょうか。親や、時には本人の意に沿わないかもしれないことを、ある意味「圧力」をかけながら働きかけるようなことがあるからです。

　ここでいうチームとは、学校の担任や相談担当教員、管理職、教育相談所の相談員、市町村役所（場）の児童福祉関連の相談員などを指します。それぞれのケースごとに、誰が「チーム」を構成するかは変わってきますが、それぞれの人を信頼して、ときに自分が「いやがらせ役」を引き受ける、ということです。他の関係者が「いやがらせ役」をしてくれる時はフォロー役ができます。お互いさまの支え合いです。

　通常、学校で起こった問題の責任者は管理職である校長や教頭ということになります。そのため、校長や教頭は、本人や保護者に問題を突きつけたり、担任の対応について指導したりと、「上から目線のお説教」

をしなくてはならないことが多くなります。教育相談を真摯に学んできた先生であれば、上から目線にならないように最大限配慮した面談をされてはいますが、ルールを提示する役割がなくなるわけではありません。結果的にしんどい思いを抱えていることも多いです。ですので、時にはSSWが「いやがらせ役」の一翼を担うことも、結果的にチームとしての支援に役に立つのではないか、と思うのです。その後の周到なフォローアップは欠かせませんが。

　中学生の女子Bさんが不登校気味になってから1ヵ月が経ちました。担任が自宅に電話をすると、最初は本人が出たそうです。「どうしたの？」と聞いても「はあ」と要領を得ない答えでしたが、「学校においで」と言うと「はい」という返事。そこでしばらく待ってみても、休み続けていたそうです。

　保護者に連絡しようと思っても、ひとり親の父親はなかなか自宅におらず、電話では話ができないことが続きました。ちょうど行事が忙しい時期でもあり、家庭訪問をうっかり忘れてしまうこともありました。部活の顧問教諭や友人たちも心配し、メッセンジャーアプリを使って「部活だけでもおいで」と誘ってくれたそうですが、だんだん本人からの応答はなくなってしまったそうです。

　そんなある日、学校に父親から怒りの電話が入りました。「うちの子が1ヵ月も学校を休んでいるというのに、何をやっているんだ！」と言うのです。担任は慌てて父親と連絡をとり、対応が十分ではなかったと平謝りしながら事情を説明したそうですが、父親は「言い訳をするな」とかえって怒りを募らせました。「もういい、学校には頼らない。自分たちでなんとかするから放っておいてくれ」と父親は言い切り、「今後いっさい家に連絡をしないでほしい」と言い放ったそうです。

　私が管理職から呼ばれたのは、この後しばらくしてのことでした。今すぐSSWに入ってもらえるかどうかわからないけれども、入るチャン

スがあったら入ってほしい、父親の怒りももっともだから、できれば学校とは違う立場で、父親の怒りや心情をしっかり受け止める役をやってもらえないか、そんなお話でした。ありがたいお言葉で、精一杯務めるつもりでいました。ところが、です。校長が父親に対応の行き届かなさをお詫びしたうえで、相談担当教諭が父親に連絡をとることについては了承を得ていたのですが、「緊急連絡先」とされていた携帯電話番号に何度連絡しても父親から反応がありません。困った相談担当教諭は自宅にプリントを届けに行き、何度か電話をしたがつながらないので折り返してほしいという父親への手紙を添えました。ところが、父親から2度目の怒りの電話が入ってしまいました。緊急連絡先が変わっていることは担任には伝えてあったのに、学校内の情報共有が不十分ではないか！というのです。相談担当教諭が謝罪しても、ますます火に油を注いでしまう状態でした。

　そこで、校長がSSWを紹介したいと父親に連絡し、なんとか承諾を取りつけてくれました。しかし父親は「自分は仕事が忙しく、いつ休みがとれるかなんてわからない、学校などに行くつもりもない」ということでしたので、まずは手紙を差し上げることにしました。所属元の県の教育委員会に相談し、父親をねぎらいつつ、学校のこれまでの対応を詫び、一度面談の機会をいただけないかと打診する手紙を送りました。また、SSWは面談の時間や場所の融通は効くが、勤務時間が限られているため突然の連絡では対応できないので、事前に面談の時間については予約のやりとりを行いたいこと、もしいつでも相談できたほうがよいということであれば、教育相談所が平日の日中は必ず対応していることを書き添えました。しかし返信はありません。あれだけご立腹なのですから、それはある意味当然のことでしょう。文書やメール、電話で謝ったところで、深い傷つきが解消されるとはとても思えませんでした。でも、このまま放置しておいていいわけでもありません。

　というわけで、2回目の手紙を出しました。それでもまだ連絡がない

ので、今度は校長が私からメールすることについてもなかば強引に承諾をとってくれました。きっとお怒りだろうな、と思ってメールを書くと、夜に返事があり、家庭訪問は望まないのでSSWの予約はとらないが、「近々教育相談所に行きますので」ということでした。即座に平謝りとお礼の返信をして待機しましたが、翌週はとくに連絡もありませんでした。校長はもう一度、その後どうしているかと確認の連絡をしてくれたそうです。

　その翌週にようやく、父親から教育相談所に予約が入りました。予約の電話はまだ激しい怒り口調だったそうですが、電話を受けた相談員が丁寧にそれらをしっかり聞き取り、怒りの奥にある悔しさも含めて共感的に受け止めてくださっていました。おかげで、実際に私と相談員とでお会いした時にはかなりトーンダウンしていたので、これまでの父親と娘のBさんとのかかわりに焦点を当てたコーピング・クエスチョンを中心に話を展開し、ひたすらコンプリメントを返すという比較的穏やかなやりとりができました。学校に対しては強い不信感を示され、私にもまだ身構えた感じはみられましたが、相談員に対しては物柔らかな表情も見せてくださるようになりました。

　その後、教育相談所を父が、やがて娘のBさんも利用するようになり、適応指導教室の利用を経て、Bさんは教室に復帰することができました。

　父親の怒りの炎が燃え盛ってしまったために、自宅にひきこもる娘のBさん自身にアクセスする手段が断たれてしまったような状況でした。日中に家庭訪問をしてBさんに突撃し続けるというのもひとつのやり方だったかもしれませんが、父親には「激しい怒り」という強い感情がありました。娘に対する強い思いや、学校に対する期待、裏切られた感などがないまぜになったものだったのかもしれません。いずれにせよこうした強い思いがあること自体がリソースだと思われましたので、これを無視するわけにはいかない気がしたのです。

となると怒りを受け止めなくてはということで、私も手紙の文章上はひたすらワンダウン・ポジションに徹しましたが、一貫して「なんとか会ってほしい」という圧力はかけ続けました。校長と私からのダブル圧力で、結果的にその「激しい怒り」が出口を見つけ、なんとか教育相談所というさらなる外的リソースにつながることができ、状況に大きな変化をもたらすことができたのだと思います。私の「いやがらせ役」を理解して、フォローしてくださる相談員たちには本当に感謝しています。

あらためて、スクールソーシャルワーカーは何をしたのか

　不登校・ひきこもりの児童生徒への支援を行うためには、まずは本人や家族に接触をしたくなります。しかしSSWに紹介されるケースでは、「会うこと」がものすごく難しいことがよくありました。接触するためには、何度も何度も電話をかけたり、メモを届けたり、家庭訪問を繰り返したりする必要があります。週に4時間弱しか勤務していないのに3中学校区を担当している非常勤SSWとしては、時間の限界が大きな壁となりました。

　なぜ親にすら会えないのでしょうか。ふたつ目の事例のように、学校と親との間でさんざんこじれていて、親が学校から紹介された人と会うのはいやだと拒否していたこともあります。しかし圧倒的に多いのは、感情的な対立以外にもさまざまな家庭の事情が絡んでなかなか会えない場合です。貧困世帯で、両親が朝から晩まで働いていて、その間子どもが放置されてしまっているケースや、ひとり親世帯であることに加えて親自身が障害などにより他者の介入に対して拒否的になっているケースがありました。もちろん子ども自身も、通学に価値を感じなくなり、家に一人でいるほうが楽しいと思っていることが多くありました。

　はっきり虐待が疑われる場合や、数ヵ月間まったく子どもの姿が見えないような状況なら、ある意味介入は簡単です。市町村や児童相談所と

連携して、子どもの安否確認のためのアプローチからかかわることができるからです。同様に、ごく幼い子どもが日中一人ぼっちで放置されている状態であれば、「ネグレクト」として児童相談所と連携しながら生活環境を整えていくことは簡単だったかもしれません。でも、子どもが小学校高学年以上であったり年上のきょうだいも家にいたりして、留守番している時の食事はかろうじて用意され、学校が手を尽くしてなんとか子ども自身と会えた時に健康状態に問題なく過ごしている様子であったら、ただちに強制的な介入的支援を行うのは難しくなります。

　本人にも親にも会えませんし、時間的な制約もあるので繰り返しの家庭訪問をSSWが実践するのも難しい。「手紙作戦」も、そもそも忙しすぎる親は手紙に目を通してすらくれません。

　ここで私を支えてくれたのは、解決志向ブリーフセラピーの考え方でした。まずシンプルに「現状で把握できているリソース」を確認してみることから始めました。そして、関係者のそれぞれが思い描いている解決像(1)※4について話し合うことを続けました。そうすると、意外と物事が動くヒントがたくさん見えてきます。不登校・ひきこもりのお子さんにはまだアクセスできなくても、担任や養護教諭の思い、相談担当や管理職教員のバックアップがあったりします。子どもや家族のことを知っている地域の人々、市役所の職員もどこかの部課でつながりがあったりします。子どもや家族のことを知っていて、かかわりがありうる人たちの思いや手立てをどこかでつなげることができないだろうかと考えて、個別に話し合ったり（コンサルテーション）、複数で協議したり（ケース会議）することもできます。

※4　解決志向アプローチには、本人が望んでいる状態を話し合うための質問技法としてミラクル・クエスチョンがあり、その対話で描かれた情景をミラクル・ピクチャーと呼びます。ただしこのような場面では、関係者に「奇跡が起こって……」などと尋ねたわけではなく、単純に「何が起こったらいいでしょうか」「少しでもうまくいったらどうなりますか」などと尋ねています。本人のミラクル・ピクチャーと周囲が思い描くものが必ずしも一致するわけではないからです。

コンサルテーションやケース会議では、何かがすぐに動いたり決まったりするわけではありませんが、そこで話し合われたアイディアが直接子どもや家族にかかわる関係者の行動を支えてくれるので、家庭訪問したら会えるようになったり、会話のチャンスが広がったり、ということが起こります。そこから細い糸を手繰るようにSCや相談員につなげていくと、やがて学校や適応指導教室に通い始めるようになっていきます。

　SSWは、かかわりが一番薄い外側の人間でもあります。だからこそ「いやな人」の役もできます。担任やSCなどに、子どもや家族の身近でリソースをフィードバックし続ける役をお願いしておいて、SSWはあえて「これは問題です」と直面化したり、「暴力を振るいそうになった時に、何か少しでも違うことはできませんか？」と心地よくない話を振ったり問いかけたりできます。もちろん担任やSCにしっかりフォローをお願いしますが。まるで『泣いた赤鬼』に出てくる「青鬼」の役です。

　ブリーフセラピーの発想は、一緒にかかわる担任やSC、相談員を信頼して取り組むうえで大きな強みを発揮してくれました。「私一人だと何もできないけれど、一緒にやってくれるチームメンバーにはこういう人がいるから大丈夫！」と肌で実感できるようになるからです。

　社会福祉の現場で出会う不登校・ひきこもりのケースに対して、ブリーフセラピーは効くのでしょうか？　限られた時間の簡潔な（＝Brief）関与でも変化を引き起こせる、という点では、自信をもって「知っていてよかった！　ブリーフセラピー！」と言いたいと思います。

［文　献］
（１）De Jong, P., Berg, I.K. (2013) *Interviewing for solutions, 4th edition*. Brooks Cole.（桐田弘江，住谷祐子，玉真慎子訳〔2016〕『解決のための面接技法』金剛出版）
（２）White, M. (2007) *Maps of aarrative practice*. W.W.Norton & Company.（小森康永，奥野光訳〔2009〕『ナラティヴ実践地図』金剛出版）
（３）Zeig, J.K. (1980) *A teaching seminar with Milton H. Erickson*. Brunner/Mazel.（成瀬悟策監訳，宮田敬一訳〔1984〕『ミルトン・エリクソンの心理療法セミナー』星和書店）

第9章

スクールカウンセリングの現場から

西川公平

　これまで認知行動療法を中心にやってきた私が、何でブリーフセラピーの本を書いちゃってるのかなーというのは甚だ疑問です。しかし、そこは嗜み程度にブリーフに、解決に至ったエピソードを語ってみようじゃありませんか。
　と、その前に、認知行動療法も、ブリーフセラピーの一種なんですよね〜。要は短期に効率的に終わればなんだってブリーフセラピーなわけです。偶然じゃないの？　と問われれば、偶然でもイイじゃんと答え、そんな解決長続きするの？　と問われれば、なんかあったらあった時なんとかすればイイじゃんと答える、それがブリーフセラピストの生きる道なのです。
　そんなわけで、スクールカウンセラー（以後SC）がブリーフセラピーを使ってみたら、どーなっちゃうのか？　について、はじまりはじまりー。

再登校物語の舞台

　当たり前ですが、まず舞台は学校なわけです。学校には職員室、特別支援室、保健室、そして相談室とさまざまな場面があります。そして、不登校なんかの場合とくに、家庭も重要な舞台となります。「なんでも使う」が信条のブリーフセラピストにとっては、時に図書室や音楽室、塾やアルバイト先にスポットが当たることだってあります。

　そこでさまざまなドラマが繰り広げられるわけです。入学、卒業、修学旅行、職場体験、部活の大会、etc.。

　そのなかで、当然思わしくないことだって起こってきます。A君がB君を殴った、教室を飛び出しちゃう、イジメ、気になる女子の縦笛なめちゃう。いつも何だかんだ起こっていますし、時に収束、時に発展していってます。まあでも基本的に、熱ければ冷めるし、膨らめば縮む、中心極限じゃないですが、不安定なものはいつしか安定するのです。ずっと爪先立っては歩けないのと一緒で、変に偏った状態は維持するのも大変。そういう時は、まあまあ収まりのつくところを匂わせてあげれば、スッと落ち着く。

　逆に、年季の入った不登校、たとえば小学3年生からずっと学校に行ってない中学2年生なんかだと、むしろ安定しちゃってます。学校も生徒が来ないで安定。家庭も子どもが学校に行かないで安定。河辺のマアルイ小石のように、「まるっとしてますけど、なにか？」てなもんで、時々家庭訪問なんかがあったりすると、かえって安定に磨きがかかっちゃったりなんかして、困っちゃうなーてなもんです。ここには、ガツンと一波乱を起こして、混乱しているところで助け舟を出してスッと落ち着かせる作戦で行くのか、むしろそのままスルスルと滑らせて、「あれ？　いつの間にか教室の中？」って入れちゃう作戦で行くのか、まあ、いろいろあります。

　学校という舞台では、この両方が起こっています。すなわち前者の火

のついた藁みたいな陽の問題と、まるっとした小石みたいな陰の問題です。え、ここで陰陽くる？　と戸惑われた方も多いかもしれませんが、これも実はれっきとした精神医学の用語で、無いはずのものが在る＝陽性症状、在るはずのものが無い＝陰性症状というのがあるのです。古い行動療法でも、端的に「多すぎか、少なすぎか、それが問題だ」なんて言ったりします。

　話が逸れましたが、学校という舞台で起こる悲喜交々のドラマに対して、とりあえずまずせなあかんのはトリアージ※1なんです。

　で、何からいくかというと、それは陰の問題からになるわけです。つまり、塩漬け物件から片していくのがSCとしての私の流儀です。

　ぶっちゃけSCって、学校ではオミソみたいなもんですよ。前述の家庭訪問と一緒で、教員からしたら「心の問題があるっぽいし、一応SCでも当てがっとこか」みたいなもんで、当該生徒または保護者とおしゃべりしてくれたら、「それっぽいことしてる感」が出るので、SCはミソ付の小石で御の字なんですよ。学校も、教員も、実のところ全然SCに期待していません。「ただでさえ忙しいし、仕事増やさんとってな」ぐらいに思ってます。生徒ですら、SCのところになんて行きたくないと思っています。のどの刺さった小骨、靴に入った小石、学校におけるSCで、異物三兄弟です。

　でもその、異物感が大事なわけですよね。なんせこれまでの環境、これまでの対応では上手くいかなかったゆえの塩漬けだから、ここはひとつ異物先生登場です。触手があったりヌルヌルしてたり※2はないですが、でもまあ、ブリーフセラピストにとって、それらは在るみたいなもんです。資源としての異物感。コンタミ※3のユーティライズ。

※1　クライアントの複数の困りごとに優先度を決定して選別を行うこと。
※2　当時の『週刊少年ジャンプ』にそんな先生がいた。
※3　コンタミネーション（contamination）。本来は混入するべきでないところに、混入するべきでないものが混入してしまうこと。汚染。

なに？　前置きが長すぎてくどい？　いやー、私もそう感じていました。じゃ、はじめましょう。

なお、以下の事例は、私の曖昧な記憶がコンタミしている都合上、まったくの捏造ではないですが、実際の事例とは年齢性別あれこれ変わっていつつ、骨子はそんな感じなものです。

事例1　不登校・行き渋りの生徒

事例1は、朝全力で行き渋る子どもと、全力で行かせようとしている家庭の話。

Dさんは、中学2年生の女の子で、学校に来ることもあれば、来ないこともある。担任の先生がお母さんから聞いた話では、どうも家で朝に激しく行き渋っているらしい。その激しい渋りっぷりに専業主婦のお母さんは参っていて、近くに住む自分の母（Dの祖母）に応援を頼んで、大人二人がかりでなんとか対応している。学校でのDさんはちょっとぐったりしている様子で、元気がない。とくに友だちがいないとか、いじめられているとかは見受けられない。出席率は最近落ちていて、4割ぐらい来られていない。英語が得意ではなさそうだが、とくに英語のある日を休むわけでもない。母親が困り果てて、SCがいるなら相談したいというので、面談してほしい。

このようなオファーで面談がスタートします、と言いたいところですが、実際には先生はこんなにまとまった話をしてくれるわけではなく、どちらかといえば、むしろ多すぎる情報をくれるものです。ここでも、セラピーに必要な話を選り分けていく力が必要になってきます。

D母との面接場面

SC　：「Dさんは行き渋りが激しいとうかがっていますが、どんな感じなんですか？」

D母：「そうなんです。まず朝起きてこなくって、何度も起こしにいって、『もう起きないと間に合わないよ』と言うんですけど、なかなか布団から出てこなくって」

SC　：「ほうほう、ご苦労されているんですね」

D母：「やっと起きてきても、なかなか着替えないので、先にご飯を食べるように促しても、ソファに横になってメソメソ泣いているばかりで」

SC　：「泣いてばかりいるんですね、それでどうなります？」

D母：「私だけでは難しいので、母にも朝手伝いにきてもらっているんですが、祖母が『いい子だから、ご飯を食べようね。朝ご飯は1日の力の源なんだよ』と話しかけながら、Dの体をさすったり、頭を優しくなでたりしてあやします」

SC　：「そんな時、Dさんはどうしていますか？」

D母：「Dは壁掛けの時計をチラッと見ては『ああ、もうこんな時間だ、間に合わない』とか言って、しくしく泣いています」

SC　：「え？　間に合わないことを泣いているんですか？　行きたくないんではなく？」

D母：「行きたくないのもあります。『ただでさえ行きたくないのに、遅刻したらますます行きにくい』といつも言ってます」

SC　：「なるほど。その後ご飯を食べるんですか？」

D母：「ご飯もなかなか食べなくて。私か祖母が、スプーンですくって口元に持っていっても、首を横に振ってなかなか食べようとしません」

SC　：「（食べさせてるんだ）いやー、何もかも大変ですねえ。事前にうかがっていた話では、学校に行く日と行かない日があるそうですが、そんな状態からでも学校に行くことがあるものなんですか？」

D母：「そうですね。以前、結局家から出てはいったんですが、その前にあまりにひどく行き渋っていたので、こんな状態でこの子学校に行

けるのかしらと、そっと後ろからついていったことがあったんですね」
SC ：「(ついてったんだ) ほう、どうなりました？」
D母：「そしたら、家での様子が嘘のように意外と普通で、しゃきしゃき歩いていたので、これなら大丈夫かと、通学路の真ん中ぐらいで引き返しました」
SC ：「そうなんですねー。ちなみに、『あー、これはもう行ってくれるな〜』と思ってお母さんが家でひと安心するのって、Dさんが何をした時ですか？」
D母：「何を……？　そうですね、玄関から出たらひと安心ですね」
SC ：「玄関を出るまでは、まだまだ油断できませんか？」
D母：「あー、まあそういえば、着替えて、荷物を持って、靴を履いたら、そこから行き渋ることはないですね。でもそこまでいくのが大変で……」
SC ：「なるほどー。じゃあ、ちょっと今までの話を私なりにまとめますので、いったん席を外しますね。5分ほどお待ちください」

(5分経過)

SC ：「お待たせしました。それにしても、お母さんは行き渋るDさんに辛抱強く接してこられて、自分だけで抱え込まず、母親にも助けを求め、スクールカウンセリングにも来られてと、とにかくDさんを思いやる母としての愛情が素晴らしいですね」
D母：「そんな……。ありがとうございます」
SC ：「そんなお母さんに、ぜひ試してもらいたいことがあります。これをすればDさんの行き渋りが軽減、もしくは解消するだろうという方法です」
D母：「ぜひ聞かせてください」
SC ：「ただ、ちょっと変わったことを言うかもしれません。というのは、お母さんはこれまでにいろいろな努力をされてきていて、私として

は頭が下がる思いなのですが、それらの方法ではいまひとつ、解決というよりなんとかギリギリ現状維持だった、そうですね?」

D母:「はい、そうです。頑張ってはいるのですが」

SC :「そこで、ちょっと正攻法をやめて、一風変わったことを試してみたいと思うのです」

D母:「ええ」

SC :「お母さんには、いつもよりひと手間かけてもらうことなので、申し訳ないのですが」

D母:「はい、どんなことでしょうか?」

SC :「庭で朝ご飯を食べてほしいのです」

D母:「庭? 庭って、家のですか?」

SC :「そうです。家の庭です。どうでしょう?」

D母:「庭で食べるって、おにぎりとかサンドイッチとか、そういうことですか?」

SC :「そうです。手間がかかって、申し訳ない」

D母:「まあ、それぐらいはなんとでもなりますが、それでうまくいくんですか?」

SC :「もしDさんに庭でご飯を食べさせることに成功すれば、行き渋りの問題はまったくないといえるでしょう。むしろ、どうやって庭に誘導するかが問題です」

D母:「あの、娘にはなんて言えばいいんでしょう?」

SC :「そこはお母さんに任せます。たとえばどんなふうに誘ってみようと思っていますか?」

D母:「……そうですねえ。今日は天気がイイから、庭でご飯を食べましょう……とかですかね?」

SC :「おお! いいですね。まさしくそういう感じです」

D母:「着替えはどうするんでしょう? パジャマのままで?」

SC :「いや、外は風も吹いているでしょうから、着替えてから食べまし

                 ょう」
    D母：「毎日ですか？」
    SC　：「毎日です。ちょっと、メニューが大変ですよね。外で食べるとなると、あれこれ工夫をしてもらわなければならなくなって、申し訳ないですが、今のところこの方法がベストだと思います」
    D母：「わかりました。やってみます」
    SC　：「頑張ってみてください」

面接は終了し、次回の予約が2週間後にとられた。

　果たして、2週間後。なんと、面接の予約はD家親族の不幸でキャンセルされた。どうなっているのだろうと思って担任に問い合わせると、「最近は元気に登校していますよ。この2週間で1〜2日遅れてきたぐらいで、調子いいみたいですね」とのこと。
　便りがないのはよい便り？　と思いつつ、1ヵ月後に再びD母とお会いした。

    D母：「ありがとうございます。娘は学校に元気に通えるようになりました」
    SC　：「おお、そうですか。よかったですね。私も担任の先生から通えていると聞いていますが、いったい何が起こったんですか？　教えてください」
    D母：「相談した次の日の朝、さっそく娘と庭で朝ご飯を食べました。それ以降ほとんど行き渋ることなく登校しているんです」
    SC　：「すごいですね。というか、いったいどう言って誘い出したんですか？　誘う前にドキドキしませんでした？」
    D母：「そうですね。いったいなんと伝えたらいいものか迷いましたが、『今日は朝ご飯を庭で食べない？』って言ったら、案外スッと来て

　　　　　くれて」
　SC　：「ほうほう、それで？」
　D母：「庭にアウトドア用の椅子とテーブルを置いて、バスケットに詰めたサンドウィッチを一緒に食べました」
　SC　：「（凝り性やな）よく食べましたか？」
　D母：「ええ、これまで一口二口食べるのにあんなに手間どっていたのがウソみたいに、パクパク食べてくれて、『おいしいねって』と言ってくれて。もう私、ビックリして、嬉しくて」
　SC　：「それはよかったですね。着替えもスムーズだったんですか？」
　D母：「たしかにそれもそうですね。それまで母と二人でなんとか着替えさせてたんですが、その日は一人で着替えました」
　SC　：「なるほど、なんだかすごいですね。それでどうなりました？」
　D母：「そのまま荷物を持って元気に登校しました。信じられない気持ちでした」
　SC　：「よかったですねー。それでその後、毎日？」
　D母：「そうです。毎日外で食べました。おにぎりの時もあったし、食パンの時もあったけど、どれもよく食べて、元気に登校しました」
　SC　：「それはよかったですね」
　D母：「私、あまりに嬉しかったので、その日からのことを日記みたいにノートに書いてきたんです。見てください」

SCはD母に渡された小さなノートを読む。庭で朝ご飯を食べさせる毎日の記録がマメに書いてある。途中雨の日があるが、D母なりの工夫として、庭に面したガラス戸を全開にして、腰かけて食べるなどしている様子がうかがえる。

　SC　：「いやー、凄いですね。感心しました。雨の日も工夫されていたんですね」

D母：「そうですね。なんか先生のおっしゃったことがわかるような気がして」
SC　：「（全然わかんないけど）そうですか、さすがですね。まあでも、これで1ヵ月ほとんど行き渋りもなく登校したということですね」
D母：「そうなりますね。信じられません」
SC　：「秋口でさすがに寒くなってきましたし、もう家の中で食べてもいいんじゃないでしょうか？」
D母：「私もそれをお尋ねしたかったんです。いつまでやればいいのかなって」
SC　：「もういいでしょう。お母さんの頑張りによって、ちょっとしたピンチから脱出できた。よかったですね」
D母：「そんな、先生のおかげです」
SC　：「いやいや、私はささいなヒントを出しただけで、問題を解決されたのはお母さんとDさんの頑張りですよ。では、また何かありましたら、いつでもお越しください」
D母：「ありがとうございました」

　これは10年以上前のケースで、教科書どおりすることしかできなかった時代のものです。例外を探し、拡張し、間を開け、コンプリメントし、行動的変化を示唆する。ごく普通のブリーフセラピーといえるでしょう。

事例2　自閉症スペクトラムの境界と診断されている生徒

　もう1ケースみてみましょう。こんどのケースは病院で自閉症スペクトラムの境界などと診断されていたり、両親はちょっと揉めていたりしているお子さんです。

　E君、中学2年生。父、母、本人、妹、弟、弟の6人家族。中1から

行き渋りが始まり、現在不登校状態。妹は自閉症ということでF小児科に通院している。E君のこともそこで相談しており、「自閉症と健常のの境界領域だ」なんて言われている。母親は他にもG小児科、町の公的カウンセリング、教育相談等々、各所に通って相談をしている。母親は父親が休日になるとすぐパチンコに出掛けてしまうことが不満で、父親は子育てもしないし、かかわってもヘタだと思っている。父親がイライラすると暴言を吐くのも、教育上よくないと思っている。しかし父親も、母親の育て方がまずいからこんなことになっていると考えており、お互い様である。母親は中2になって担任が変わったのも不登校の原因だと考えており、前の先生はもっとこまめに連絡をくれていたのにと不満を述べている。母親の語りをまとめると以下のようになります。

母親の語り
- E君は長男で、父母に頼りにされている面がある。
- 担任の先生が変わったことも一因。前の担任は女性で、こまめに連絡・訪問してくれた。
- E君は休みの日は家でゲームばかりしている。休みの日にパチンコばかり行く父親と一緒。
- 父親がパチンコの景品でE君にゲームを与える。
- 父親はパチンコで負けるとキャッシングに行く。
- 父親はイライラすると家族に暴言を吐く。
- 父親は職場で2年前、仕事のミスで責められてノイローゼになった時期があった。

また、母親の「もっとこうしてほしい」という希望をまとめると以下のようになります。

母親の「もっとこうしてほしい」という希望
・父親には、パチンコばっかりせずに、もっとE君とかかわってほしい。外で一緒に遊ぶとか、旅行の計画を立てるとか。子育てに協力してほしい。
・担任の先生には、もっとE君に積極的にかかわってほしい。頻繁に家庭訪問するとか、休んだら毎回電話をかけきてほしい。
・SCには、もっと担任に働きかけてほしい。また対人関係をよくするようなプログラム（SST：ソーシャルスキルトレーニング）などをE君のためにやってほしい。
・小児科の主治医には、SCに学校で高機能広汎性発達障害の理解と支援を呼びかけ、SSTなどのプログラムを提供するよう働きかけてほしい。

E君について、学校の教師たちにインタビューしてみたところ、それぞれ以下のように述べられました。

教師からみたE君
担任：2年生になって遅刻、欠席が激増。表情も暗い。落ち着きなく、休み時間も教室におれず、職員室に入り浸っている。休んだ日、連絡物を届けてくれた友だちにも「ありがとう」の一言もない。あそこの家の母親は"文句言い"や。父親は教師への外面はいいけど、実際は育児から逃げてばっかり。
美術：2学期はとくにひどく、机に突っ伏しているだけで何もしていない。準備物も忘れがち。やる気が感じられない。
数学：発表などないし、意欲もない。成績も悪い。
学年主任：言語、音声チックがひどい。常におどおどしている。一人でいることも多く、ぶつぶつ独り言を言う。母親が頻繁に電話してきたり、学校に訪れたりする。友だちとの話し合いでカッとなり、喧嘩にな

ることもしばしばある。

　SCがあれこれ介入して、学校に来るようになるのに6回、安定するのに2回で、合計8回（約8ヵ月）もかかりました。あんまりブリーフじゃないですよね。
　介入を終えた9ヵ月後の教師へのインタビューが以下になります。

9ヵ月後の教師からみたE君
　担任：遅刻、欠席がほとんどなくなった。教室でも非常に安定しており、表情がよい。友だちに話しかけることが増え、いろんな授業で発言も増加。委員会にも積極的に参加している。休んでいる子にも連絡物を持っていって、声をかけてくれている。決してコミュニケーションがうまいわけではないが、まわりの子もE君のことを認め始めており、受け入れられやすくなった。ある意味、人が変わったみたい。
　美術：黒板も写すようになり、作図もきちんとできるようになった。作品の制作もうまくはないがちゃんとできるようになった。
　数学：意欲が出てきた。挙手して発表するなど今までなかった行動が出てきた。成績も上がってきている。
　学年主任：音声・言語のチックがなくなった。今も一人でいることは多いが、機嫌がよさそう。朝学校に行かなアカン、遅刻・欠席したらアカンという気持ちが芽生えてきた。揉め事も減り、「この子は注意してみていないと」という感じがなくなった。母親も学校に来たり、電話をよこしたりがほとんどなくなった。

　遅刻や欠席の推移は図9-1のようになります。
　また、SCによる8回の介入の流れは、表9-1のようになっています。
　見ていただいてわかるように、結局本人とはしゃべっていません。E君の母親への介入ですが、ヘタで最初の4回はうまくいかず、5回目、

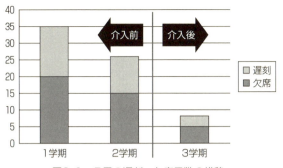

図9-1　E君の遅刻・欠席日数の推移

表9-1　8回の介入の流れ

	期間（月）	来談者	テーマ	介入
1	X	母	アセスメント	良い日探し
2	X+1	母	夫への非難	家族イベント
3	X+2	母	担任への非難	ジャミング
4	X+3	母	例外の発見	OneDown
5	X+5	母	夫への非難・性的逸脱	父親釣り
6	X+5	両親	両親連合	悪循環切り
7	X+6	母	両循環の分析	父親への報酬
8	X+8	母	終結	

　6回目でようやく介入がうまくいったのでした。そのカギとなったのは、E君の性的逸脱行動でした。まあ、性的逸脱といっても、ゲームセンターでプリクラを撮っている女子を下から覗いちゃった、みたいなものですが。子どもの臨床をやっていると、セラピストがへぼでも、しばしばこういったギフトが出現します。

　しかし、その種蒔きとして、4回目で出てきた例外に、次のようなものがあります。「行き渋りがひどくて、結局遅刻したり登校できない日はさておいて、遅刻せず、欠席しない日は、いったいどんな日なんですか？」というSCの問いかけに対し、母親から以下のような例外が語ら

第9章　スクールカウンセリングの現場から　　149

れました。

母親から語られた例外
・父親が休みで家にいる日
・父親がE君を起こした日
・E君が朝ご飯を食べて歯磨きした日
・E君が学校の話を自分からする日

これはもう、父親に活躍してもらうほかないわけですが、どうやって父親を釣り出そうかと思っている矢先の性的逸脱行動で、材料が出揃いました。
ちなみに他にも例外として、

・学校に来ると、早退するでもなく、それなりにやっている
・普段もどちらかというと父親の言うことを聞く
・母親は父親に子育てに参加してほしいと思っている
・父親も母親も、お互い「お前のやり方はダメだ」とアドバイスし合っている
・父親はおだてに乗りやすい性格

というものもありました。

5回目、お母さんにお父さんを釣ってもらうためにSCが用意したのは以下のようなナラティブです。

・性的逸脱行動というのは大変重要な問題だが、同時に大変微妙な問題でもある。
・こういうことに母親が介入することはなかなか難しく、父親の力が

どうしても必要である。
- 一刻も早くこの問題に真剣に取り組むために、ぜひとも父親と話をする必要がある。
- 父親をこのカウンセリングに連れてくることにお母さんは全力を尽くしてください。
- 父親には、SCが「母親の力ではどうにもならないから、頼りになりそうな父親を連れてきてほしい」と言っていると嘘をついてください。
- 当日も父親を調子に乗せるために、あえて父親に都合よく、お母さんに都合の悪いことを言うかもしれませんけど、それはリップサービスですからご了承ください。

　6回目、両親でやって来ました。いやー古典的だなー。
　お父さんに対して、「この年頃の男の子は誰でもそうだが、母親が注意したのではダメだ。お母さん的なやり方ではダメなんです。やっぱりここは父親の力を借りないと、事態の収拾がつかない。ぜひお力を貸してもらえませんか」からの、リフレーミング「子育てから逃げる父」→「子どものために来てくれた、熱心な父」を行い、その後もひたすら次のようなコンプリメントをしていきました。

- SCがお越しくださいと言っても、なかなか父親というのは来てくれないことが多い。それに比べてお父さんは熱心だと思います。
- たいていの父親は仕事にかまけてわが子のことをほったらかし。来てくれない親というのは、子育てにかかわる気がない。
- 逆にこうやって来ていただいているのはわが子に対する愛情の証拠だと思います。お父さんは本当に父親の鏡です。
- お母さんの話からは、どうやらE君はお父さんのことを慕っているらしく、お父さんの言うことなら聞こうと思っているみたいです。

そして介入です。

・２週間だけ、お父さんが毎朝登校をうながしてください。
・お母さんはお父さんの援助に回って、決して表に出ないでください。
・それによってＥ君にどんな変化があるかを観察してみてください。
・今のＥ君はリズムが狂っていて、時差ボケのような状態です。お父さんが前衛、お母さんが後衛で、それぞれしっかりやれば間違いありません。
・時差ボケは２週間もすれば治ります。この一時だけでよいので、力を尽くしてください。

で、終了です。
教師の評価を見ると、オセロがパタパタとひっくり返るように、さまざまな方面で回復しているのがわかります。

幕間の物語

ふと考えると、提示したふたつの事例で会っているのは親御さんばかりで、本人に直接会って話している例がないですね。ちょうどＥ君は、上の介入から１年ぐらい経ってから、掃除の時間に感情を大爆発させて、保健室に逃げ込んだことがありました。その時ちょうど私は職員室で先生たちと雑談していたので、養護教諭に「なんとかしてください」と頼まれてしまいました。ホントはこういったケースは、ＳＣはコンサルで教員に対応してもらうほうがいいのでたいていそうしてるのですが、この時はたまたまです。

ＳＣ（私）が保健室に行くと、Ｅ君がワンワン泣いています。あんまりワンワン泣いているので、ほったらかして職員室に引き返しました。

養護教諭：「先生、どうでしたか？」
SC　　　：「今は泣かせておいてあげてください。保健室で泣くってのも悪くないですしね。あと５、６分したら、また行きますわ」

　再び保健室に行くと、E君がグスグス泣いています。グスグスなら、まあ……と思いつつ、まだ涙と鼻水でしゃべるのは大変そうなので、筆談を試みることにしました。
　A4の紙にさらさらと書いて、E君にスッと差し出しました。E君は「何だ？？」という感じでありつつも、返事を書いてよこしました。以下が、その往復書簡になります。

SC：今、何か困っていることがありますか？　書いてみてください。（と記入。以下同）
E ：友だち関係がうまくいかない。
SC：友だち関係がうまくいかないことで困ること、悩むことは、たとえばどんなことですか？
E ：みんなからあまり注目されないし、いろいろ話しかけづらい。
SC：なるほど。その他にも友だち関係で困ることはありますか？
E ：話しやすい人がよく欠席したり、クラスが別々になったりしたこと。
SC：いろいろあるね。ということは、みんなから注目されたり、簡単に話しかけられる人が学校に来たりクラスが一緒になったりすれば、困りごとは解決しますか？
E ：たぶん解決すると思う。
SC：じゃあ、次のうちどれかをやってみよう。どれがイイか、丸を付けてね。
　　①みんなから注目される
　　②誰かに話しかける
　　③クラスを変えてくれるように頼む
　　④休んでいる友だちを学校に誘う

E ：（②に丸をする）
SC：私も②が一番いいと思う。すばらしい！
　　じゃあ、もし掃除に戻ったとしたら、
　　A：誰に［　　　　　］　B：どういうふうに［　　　　　］
　　話しかけますか？
E ：（空いている欄に記入する）
　　A：［今いる人で一番話しやすい人］
　　B：［他の人みたいに、何かしながら］
SC：いい作戦だと思う。とくにBがさりげなくてGood!!　具体的にはどうする？
　　A：人名［　　　　　］　B：何をしながら［　　　　　］
　　C：話しかけるセリフ［　　　　　　　　　］
E ：（空いている欄に記入する）
　　A：［G君やH君など］　B：［「なぁなぁ」と呼びかける］
　　C：［状況によっていろいろ話す］
SC：それでいいと思う。いろいろ悩んで考えたみたいやね。悩み方には2種類あって、ひとつは「あぁ、僕には友だちが少ない、もうだめだ……」という悩み方。もうひとつは「誰に、どうやって、どんなことを話しかけたらいいんだろう？」という悩み方。今はたぶん両方悩んでみただろうけど、どう思う？　どっちが好きな悩み方？
E ：ふたつ目のほう。
SC：まあそうだね。ひとつ目も時々はいいけど。掃除に戻って、試してみるかい？
E ：できれば試したい。

　というわけで、E君は保健室を出て掃除に向かったのでした。
　掃除にE君が向かう様子を見て、養護教諭が「SC先生、何があったんですか？　E君、えらいニコニコして出て行きましたけど」と訊ねて

きたので、これです、と先ほどのやりとりの紙を見せたら、はー、なるほどねーとなって、説明の手間が省けたのでした。説明の手間がブリーフというお話。でも結局本人としゃべってはいないな……。

脚本の書きよう

　学校という舞台には何でもあります。たくさんの教室があり、たくさんの先生がおり、いろんな教科があり、部活もあります。保護者もまだ若く、祖父母だって元気ですから、打つ手もたくさんあります。
　ご覧いただいたように、子どもは一時不登校になっても、すぐ元に戻ります。それはもう、定められた筋書きをなぞるみたいなもので、一人の例外もなく、全員教室に復帰して、元通り子どもらしく、むしろいささか成長した面持ちで授業を受けることができます。
　この世の中には「不登校は手短かに解決するもの」ではない筋書きもあって、たぶん真実の魂の救済か何かを目指すストーリーなんだと思いますが、そういうのに付き合わされているクライエントさんは可哀想だと思います。
　よくなるか、何回かかるかの脚本を書いているのはあくまでSCです。

　十数年前のメモ書きを見ながら原稿を書きつつ、もう彼らもええ大人か～元気でやってんのかなーと懐かしく思い出しました。いちいち介入が古臭いのは、そもそも古い話だからということで勘弁してください。
　え？　ブリーフセラピーそのものが、もはや古くなっちゃった？　うーん、それは知らないなぁ。だって、私はブリーフセラピストじゃないんだもん♪

　ちなみに本稿は、友人の森俊夫氏に捧げています。森さん、ブリーフセラピーって、こんな感じで合ってますか？

第10章

児童相談所の現場から
――児童相談所らしさを出さないで支援する

柴田　健

はじめに

　不登校・ひきこもり事例の状態をあえて一言で表すと、膠着している状態といえるでしょう。これに対して児童相談所（以下、児相）は、虐待への対応などを考えると、どちらかというと積極的に動くことを得意とする相談機関です。しかも、多くの学校にスクールカウンセラーが配置されるようになった現在、不登校やひきこもりの最初の相談先として児相が選択されることはまずありません。つまり児相でかかわる不登校ケースは、相談が開始された段階ですでに膠着しているケースが多いといえます。動くことを得意とする機関が、膠着している状態に対してどのように対応できるのでしょうか。これはなかなかやっかいな状況です。
　さらに、児相は権威的です。児相では「指導」という言葉がよく使われます。子どもや保護者に対して助言することを「助言指導」と言いますし、児童福祉司による行政的介入は「児童福祉司指導」です。カウン

セリングには「継続指導」という名前が使われます。この「指導」という言葉は、いつの間にか支援者側と被支援者側に上下関係をつくり、支援に影響を与えます。不登校・ひきこもり事例の場合、児相はいろいろな専門性をもっている反面、当事者に対して外に出ることを求めるような権威的な相談機関としてみられることが多いと考えられるのです。

　私は以前、「つなぐ」という視点からの児相のブリーフセラピー実践について考えたことがありました。この時は「つなぐ」ことを、「取り巻く環境を重視し、本人や関係者に関わりやすいようにその環境を整えていく」ことと考えました。環境を整えるという考え方は、私のなかでは今も変わっていません。しかし上述したことを踏まえると、不登校・ひきこもりケースに対して児相のセラピストが「環境を整える」ことはかえって逆効果になることが考えられます。不登校・ひきこもりの当事者からみれば、児相が自分の周辺で動いていること自体が脅威となってしまうかもしれません。

　したがって、動くことから、た だ いることへの変化だったり、「つなぐ」から、「つながる」「つながっている」というような考え方への変化だったりが必要となるように思います。穏やかに本人や家族のかかわりのなかにいて、決して関係を切ることなく、何か変化が生じた時に必要な動きをするというのが理想なのかもしれません。このように考えると、いかに児相らしくない活動をするのかということにもなってきて、非常に悩ましいところです。

　この児相らしくない活動について、私が児相の心理判定員（現、児童心理司）だった時にかかわったケースから考えてみたいと思います。

ケース1　心理判定書を共同制作するなかでつながる

　児相が権威的であるというのは、やっかいな問題です。しかし、権威的であることを反対に利用することで変化を生み出すことができるかも

しれないと考えたのがこのケースです。児相のような権威的な機関の職員が「協働」を言い出すことは、当事者にとってはかなりの驚きのようです。

(1) ケースの概要

　A男、受理時中学1年、男子。地元の福祉事務所から相談があり、受理されました。小学6年の時から学校を休みがちとなり、中学入学と同時にほぼ不登校状態になりました。家のなかではほとんど自室から出てこず、昼夜逆転の状況。自室ではゲームをしていることが多かったようです。

　家族構成はA男と弟と母親の3人。両親は父親のDVが原因でA男が小さい頃に離婚しています。母親は、仕事のために朝早く出て夜遅く帰る生活のため、なかなか本人の生活にかかわることができません。A男は、母親が自分の意に添わないことをすると脅したり、暴力を振るったりすることもあったようです。弟は異父弟で小学校低学年、知的障がいがあります。弟は学校に通うことができています。

(2) かかわりの開始

　家庭の状況を考慮し、A男には一時保護が使われました。小学6年の時からかかわってきた家庭相談員の説得により、A男は比較的スムースに一時保護を承諾しました。しかし、本人はこの時には一時保護が終われば家に帰れると思っていたようです。

　一時保護所では当初、朝起きられない、日課に合わせて行動できないといったことが生じましたが、他の子どもたちとのトラブルはなく、比較的穏やかに過ごすことができています。子どもたちの集団のなかでは、どちらかというと自己主張をしないおとなしい子という印象をもたれていました。しかし、時間が経つにつれてA男には職員に対してふてくされたり、反発したりする態度がみられるようになってきました。だんだ

ん一時保護後の自分の行き先が不安になってきたようでした。

　一時保護中、心理診断のため知能検査やいくつかの性格検査、描画法、家族画といった心理検査と面接が繰り返し行われました。検査では、知能は正常ですが、不安が高く、適切な自己主張が苦手であることや、自信のなさが推測されるような所見が示されました。また、母親に対して葛藤的な感情を抱いている可能性もうかがわれました。一時保護中の変化と同様に面接のなかでも、彼は「だまされた」と言ってふてくされたり、こちらの質問に対して何も反応しなかったりすることが多くなっていきました。

（3）心理判定書の共同制作

　私はこうした状況をなんとかしようと、これまでの心理検査と面接記録をもとに本人と共同で心理判定書（くわしくは後述）を作成することを試みました。私の提案に、A男は驚いた様子で、はじめは疑ってかかっていたようでした。面接のたびに本人に心理判定書の素案を持っていき、それを一緒に読み、本人がわからない部分や語句についてはこちらが説明し、さらに本人が疑問を感じる部分については、本人も納得できるような形で修正を加えていきました。これには彼も興味をもつことができたようでした。

　私は、A男が母親に対して行った家庭内暴力について、心理判定書のなかでかなりの字数を割き、その状況と機制について考察をしていました。その一節はかなりA男のかんに障ったらしく、「あれは俺が悪いわけじゃない。あちらが腹の立つことを言ってきたからなんだ」となかば怒りながら削除を求めてきました。私は「二人のコミュニケーションのなかで生じたことを考えるために必要なことなんだ」とA男の考えを突っぱねましたが、その後もA男から何度か修正の要求が出たため私のほうも折れ、修正を繰り返してようやくお互いが納得するという一幕もありました。

一方、これまでの彼の印象からは想像できないようなことを新たに見出すこともできました。それは弟との関係でした。実は彼は弟の面倒をとてもよく見ていたのです。弟にとって難しい宿題や、乱雑になりがちだった身の回りの世話を、彼なりに手伝っていたことが話されました。こうしたエピソードに加え、彼からは異父弟であることへの複雑な思いや、自分は弟を守ってやらなければならないという思いについても語られました。このことについて話さなかった理由を尋ねると、彼は「そんなこと考えてもいなかったんだ」と言いました。私は、動的家族画にみられる彼と弟の関係を説明しながら、「心の底にはそのような思いがあったかもしれない」と伝え、心理判定書のなかに彼から語られたエピソードを書き加えました。

　一緒に作り上げた心理判定書のストーリーの概略は、「父親というモデルがいなかったために十分な男性役割がとれておらず、それが対人関係の自信のなさや自己主張ができないことに影響し、学校に適応できなかったことにつながっている。一方、弟との関係では兄としての役割を十分にとれているので、新しい環境のなかではそのような対人的能力の伸長が期待できる」というものになりました。

　心理判定書ができあがった時、彼は自分から「俺ってやっぱり施設に行くことなるのかな」とつぶやきました。これに対して私は、「私が君の立場になって、二人でこれまでやってきたことを考えるとやはりそのように思うかもしれないな」と言いました。施設に行くことについては不安を抱いていたようでしたが、それをまったく拒否するという態度は示しませんでした。

（4）施設措置から高校進学へ

　その後Ａ男は、児童自立支援施設への措置が決まりました。所長からの施設措置の話も比較的スムースに受け止めることができたようでした。もちろん心理判定書は、児相内で決裁を受けて施設側に送られました。

施設のなかではとくに問題なく過ごし、そのまま高校受験をして合格。中学卒業と同時に措置解除となり、その後は自宅から高校に通うようになりました。

（5）心理判定書とは

　児相の業務のひとつに心理判定書の交付があります。心理判定書は、対象となる子どもの処遇のために、知的側面や行動特徴について説明し、どのようなかかわりをすることが望ましいのかを関係者に伝えるものです。

　担当者は、子どもの生育歴や心理検査所見と実際の行動との間に整合性があるようにストーリーを構築していきます。Ａ男における、「自己主張ができなかったり、自信のなさが推測されたりする」ところなどは、まさに検査所見から得られた仮説を実際の行動のなかで検証したものといえます。

　しかし、いくら仮説検証を繰り返しても、心理判定書のなかに客観的な真実が書かれることはありません。それは担当者によって創作された物語に過ぎないのです。そして、ここでも支援者と被支援者の上下関係が微妙に表現されることになります。心理判定書では、子どもや保護者に、健康な者にはあるべき何かが欠けていたり、不足していたりすることが強調して表現されることが多いのです。

　このようにして作られた心理判定書そのものを子どもたち自身が読める機会というのはほとんどありません。施設措置をされた子どもたちは、児相は自分たちのことを施設にどのように伝えたのだろうという疑問のなかで施設生活を送ることになります。これが彼らと施設との関係にとってよいはずはありません。とくにＡ男の場合、一時保護所での生活が長引くについて「だまされた」という感覚をもつようになっており、それがその後の施設の処遇にも影響する恐れが予想されていました。

（6）心理判定書を共同制作する意味

　そこで私がとった方法が、心理判定書の共同制作でした。これは、心理判定書を用いた「共同記述」(7)または、「当事者研究」(8)といえるかもしれません。共同制作ではこちら側の面接記録や心理検査等の判定資料が面接場面に持ち込まれ、子どもは心理検査の結果がどうだったのか、また担当者がどのようにその結果をみているのかを知ることができます。また、目の前に心理判定書の様式が置かれ、それを二人で見ながら修正するということは、みずからのこれまでを外在化（補章参照）し、客観的に見つめることのできる機会にもなります。

　上述したとおり、共同制作のための面接は何度も繰り返されましたが、これはA男にとって自己理解を深めるだけでなく、新たな自分を作るための会話になっていった可能性もあります。実際に、面接のなかでは、お互いに新たな発見をしたり、新たなストーリーが作られていったりすることがありました。彼が弟のことを語ったところは、まさにこのような発見だったと思います。「そんなこと考えてもいなかったんだ」という彼の言葉のとおり、それははじめから存在したものではなかったのかもしれません。しかし、彼が語り、私がそれを記録したことにより、そのことは事実となり、本人の自分のストーリーのなかにも刻み込まれることになったのだと思います。

　また、施設の担当者が自分をどのようにみてくれているのかをだいたい推測できるというのは、A男にとってかなりの安心材料になったものと考えられます。「俺ってやっぱり施設に行くことになるのかな」というつぶやきには、「仕方がない」というあきらめと、「少し頑張ってみようかな」という本人なりの決意が込められていたように思います。

ケース2　承認し続けることでつながる

　次に紹介するケースは、ブリーフなかかわりはできていませんし（面

接回数26回)、私が本人の社会復帰した姿をみたわけでもありません。それだけでなく、児相の機動力も利用できていませんし、中断の危機にも陥っています。これらの点ではまったくの失敗例といえるでしょう。ただし、後述するように辛うじて母親との面接を続けられたことが、本人に対して少しはよい影響を与えたのではないかと考えています。

(1) ケースの状況

B男、受理時16歳、男子。中学1年の頃から不登校気味になり、中2で完全不登校となりました。中学卒業後は進学せず、ほとんど家から出ない生活を続けていました。母親の話では、玄関から外に出るのは明け方に新聞をポストに取りにいく程度とのことでした。

家族構成は、父親と母親、B男、他県に出ている大学生の姉の4人。父親は会社員、母親は看護師です。

B男は、居間の隣にあるパソコンが置かれた部屋でネットゲームをしていることが多く、パソコンを使いたい父親としばしばトラブルになります。そのため、それ以外の場面で父親と話をすることはほとんどありません。食事の際には食器や食卓の汚れに気を遣い、少しでも汚れていると食事をしないこともありました。また、家族以外の者が家に来ることを極端にいやがるため、家族は近所や親戚から孤立状態にありました。

母親は、このようなB男が心配になり、近くの精神科に相談しに行きましたが、本人が来なければ何もできないと言われ、継続をあきらめたそうです。また、不登校やひきこもりの親の会にも参加したことがありましたが、これも自分には合わないと思い、参加しなくなっています。

(2) かかわりの開始

18歳未満のほぼひきこもっている子どもがいるということで、地元の福祉事務所の家庭相談員から児相に相談があり、継続指導の形態で私が担当することとなりました。B男は、一度だけ玄関でドア越しに家庭相

談員と話をし、「自分には誰も必要ない」と言い、その後の訪問を拒否しているそうです。

　当初、面談には母親が来談していました。母親は、「B男が小さい頃、私が看護師の仕事のために夜勤が多く、それが息子に影響しているのではないかと思います」と話しました。母親は、同じようなことを夫（父親）からも言われるのだそうです。その一方で、父親の対応に不満を感じてもいます。彼女は、「夫がB男の状況にまったく理解を示さず、パソコンの取り合いから最後にはいつも『早く学校に行くか、就職しろ！』と言い出して、B男がその場から逃げ出すようにいなくなることも心配なんです」と話しました。

　私は、B男が居間の隣の部屋にあるパソコンを使ってしばしば父親と口論になるにもかかわらず、自室にパソコンを持ち込もうとしないことに興味をもちました。このことについて尋ねると、「B男は自室にひきこもっているわけではないし、食事も家族と一緒にしています。生活習慣が昼夜逆転しているので、夕食の時にたまたま父親と一緒になるんです」と言いました。朝食も一緒にとることがありますが、その後本人はまた寝てしまうそうです。

　私は、B男が毎朝ポストに新聞を取りにいくことを、「逆に毎日の仕事としてお願いしてみては？」と母親に提案してみました。それを母親がB男に話したところ、彼は「児相の差し金だろ」と言ってしばらく新聞を取りにいかなくなったそうです。また、私がB男に対して手紙を書いてみましたが、まったく読もうとせず、「そんな小細工はいらない」と言われたそうです。私は、「差し金」や「小細工」という言葉を使うB男に驚き、なぜ知っているのかと母親に尋ねました。すると母親は、笑いながら「国語が好きだったので」と言いました。

（3）小さな変化への注目

　面接のなかで、父親とのパソコンのトラブルは、B男がいつもより早

くパソコンを使い始めるか、父親が寝る前にパソコンで仕事をしようとする時に生じるものであることがわかりました。私は、昼夜逆転しているにもかかわらず家族で食事がとれていることや、喧嘩にはなるもののコミュニケーションがとれていることに感銘を受けたことを伝えました。そして、今できていることをあらためて見つめ、そのなかに小さな変化を見つけていくことができれば、大きな変化につながるかもしれないと励ましました。

その後、面接に父親も来談するようになりました。母親の話を聞き、父親も小さな変化を探すことに興味をもったようでした。両親で来談することになったことに私は喜び、その後の両親面接では、二人に繰り返し日常生活のなかでのB男に関する小さな変化を尋ねていきました。

私は「どうしてその時には、彼は食事の準備を手伝ってくれたのでしょうか？」「彼がお父さんと喧嘩をせずに、パソコンを譲ったということですが、その時は何がいつもと違っていたのでしょう？」といった質問を繰り返しました。しつこく尋ねる私に対し、二人はややうんざりした様子になっていきました。そして、二人は小さな変化を探すことができないこと自体、B男とのかかわりがうまくできていない現れなのではないかと考えるようになりました。

面接のなかで父親が、「私たちはあの子のことをよく見ていないんですね。もっと愛情をもって、興味をもって見なければならないんですね」と言ったのがとても印象的であり、衝撃的でした。

（4）仕切り直し

仕事が忙しいということで父親は来談しなくなりました。私は母親に対して、面接がいつの間にか両親を責める形になっていたことを説明し、謝罪しました。そして、現状のつらさを確認し、そのなかで両親がどうやって毎日を送っているのかを教えてもらい、少しでもこの状況を楽にできるやり方はないか一緒に考えていきたいと話しました。

その後の面接では、B男本人に関する話題ではなく母親自身に関する話題が中心になっていきました。母親の職場の同僚に同じように子どもがひきこもっていた人がいて、その人と話をするようになったこと、その人のアドバイスが支えになっていること、趣味が気晴らしになっていることなどが話されました。この間、B男の状態にはそれほど大きな変化はありませんでした。

　1年ほど経過した時、父親の弟が自宅に急に泊まりに来るという出来事があり、不意をつかれたB男はなすすべもなく叔父の来訪を受け入れてしまいました。「叔父とはほとんど顔を合わせることはなかったのだけれども、B男は思ったよりも自分が上手に叔父に接することができ、ずいぶんと気をよくしたみたい」と母親は話しました。その後も叔父の来訪は続き（父親が裏で糸を引いていたことが後で判明しました）、本人は来訪した叔父と少し話すようにもなりました。これに伴い、昼夜逆転の生活にも変化がみられるようになったとのことでした。

　さらに、母親が体調を崩し、B男が母親のためにコンビニへ食料を買いに行くという事件が起こりました。そして、これをきっかけに本人は両親と一緒に家電量販店に行き、ゲームソフトを買ったりすることができるようになりました。B男が18歳になる前に、児相の指導を終えることになり関連機関に紹介されました。そこでは、主に今後の進路のための相談が行われ、B男本人も数回来談することができたそうです。

（5）解決強制

　ナイランドとコーシグリア(4)は、解決志向ではなく「解決強制」療法をするためには次のことに注意を払えばよいと述べています。

①クライエントの問題を認め、受け入れないこと
②クライエントの感情の流れや面接のペース、ボディランゲージに適切に調子を合わせず、機械的に質問をすること

③クライエントにとって重要でない例外をめぐって議論を戦わせること
　④専門家治療者となって、クライエントの目標ではなくみずからの目標を追求するようにすること
　⑤好奇心、率直さ、尊敬といった治療的雰囲気を決して作らないこと

　これを見ると、私は「③クライエントにとって重要でない例外をめぐって議論を戦わせること」と「④専門家治療者となって、クライエントの目標ではなくみずからの目標を追求するようにすること」を両親に対してしていたことがわかります。実際には、これにとどまらずもっとひどいことをやっていたかもしれません。

　面接のなかで例外を探す質問をすることはよくあると思います。しかし、クライエント自身が例外を探せるような状況になっていなければ、セラピストがいくらそれを求めても苦痛になるばかりです。クライエントの関心が常に変化に向いていることはありません。そもそも、クライエントは膠着している困難をなんとかしたいがために来談をしているのですから、彼らが注目しているのは膠着した状況と考えられます。この状態から例外を探せるようになるためには、クライエントのものの見方に、図から地への視点の転換のような大きな変化が必要になるのです。

　さらに、停滞し続けているという感覚をもっているクライエントであれば、変化し始めることに対して不安を覚えることもあるかもしれません。例外を見出すことができるようになるためには、クライエントの考え方や認識の仕方を大きく変える必要があり、これはクライエントにとって大きな負担となる可能性があります。

（6）理論の逆転移

　ブリーフセラピーは、基本的に変化志向です。面接状況によっては、このような変化志向の考え方や、「短期療法」と訳される言葉そのもの

がセラピスト自身を追い詰めることになります。いつの間にか、「何回も面接しているのに、自分はまだ例外もゴールも見つけることができないのか」とセラピスト自身が考えるようになったりします。このようにセラピストが自分の依って立つ治療理論に忠実でありすぎることによって逆に治療困難に陥っていくことを、ダンカンらは「理論の逆転移」[1]と呼んでいます。

（7）面接のなかで起きていたこと

クライエント側が例外やゴールを探せない状況にあり、セラピスト側が「理論の逆転移」を起こしている状況では、面接は「解決志向」ではなく「解決強制」になってしまいます。

この面接のなかで起きていたことは、私が両親から例外に結びつくような小さな変化を聞き出そうと焦るあまり、しばしば語られていた「探せないのは自分の子育てが間違っていたから、子どものことをよく見てこなかったからではないか」という両親のもつ後悔の気持ちにまったく気づけなくなっていたということでした。

子どもが不登校になったりひきこもったりすることは、必ずしも親の育て方のせいではありません。しかし、多くの親は、「ひきこもりは親のせい」という言説のなかで苦しみます。この両親もこうした言説のなかで苦しんでいたことを、ある時期私はまったく理解していなかったといえます。このような状況に至った背景には、18歳になる前までになんとか終結を迎えたいという、児相の職員としての私の焦りもありました。

（8）抜け出すための方法

では、どうすればこのような状況から抜け出すことができるのでしょうか。この方法について、考え方と対応の両面から考えてみたいと思います。

①グッド・リーズンを考える

　グッド・リーズン（good reason）という言葉があります。これは、「もっともな理由」と訳すことができるでしょう。そうせざるをえなかった、またはそうならざるをえなかった「もっともな理由」がクライエントにはあると考えることです。ラトナーら[5]は、「解決志向をする臨床家は、会話に応じるすべてのクライエントには、それをする十分な理由があると考えなさい。そして、その理由を探すことこそが臨床家の仕事なのだ」と述べています。ひきこもっているＢ男本人にはひきこもるに至った「もっともな理由」があるだろうし、両親には、これまで面接のなかで話されてきたようにかかわらざるをえなかった「もっともな理由」があったはずです。これを、機能不全の家族だからとか、個人の問題だからと簡単に扱うことはできないのです。

　では、こうした「もっともな理由」を、実際の面接のなかではどのように扱えばよいのでしょうか。また、セラピストがどうすることが、「もっともな理由」を仮定しながらクライエントに接することになるのでしょうか。

②変化を弁証法的にとらえる

　境界性パーソナリティ障害（BPD）への治療法としてリネハン[2]によって開発された弁証法的行動療法では、BPDのクライエントにみられるさまざまな問題行動を、問題という一側面からとらえようとせず、その行動のもつ肯定的な側面を考えようとします。たとえば、機能不全のなかにも機能があり、破壊的行動のなかにも建設的なものを見つけることができるのだと考えるのです。

　このように、弁証法的行動療法では、従来相対すると考えられているものを「あれか、これか」ではなく、「あれも、これも」と考えるという、文字どおり弁証法的戦略をとることによって、より高次の変化を目指していこうとします。この考え方によれば、変化を拒むことのなかに

は変化への願いが内包されていて、変化しないことには変化が内包されることになります。そうすると、相手が変化を望まない場合には、積極的に変化を望まない状況を認めていくことが変化を引き出すことにつながるかもしれないと考えられるのです。

　このケースで両親とも例外に至る小さな変化が探せなかったということは、そうした小さな変化がまだみえない段階だったといえるかもしれません。みえないということは、弁証法的にみれば、観察できることが内包されているといえます。この状況の場合、みえない状況にあることを積極的に認めることによって、次のステージへの変化が望めたかもしれないのです。

③承認する

　弁証法的行動療法のなかの主要な戦略のひとつにvalidation、「承認」戦略があります。リネハンはこの「承認」を、「セラピストが患者に対して、患者の反応は現在の生活の状況において当然のことであり、理解可能なものだと伝えること」と定義し、次のような6つのレベルに分類しています。

　レベル1：傾聴と観察
　レベル2：正確に反映する
　レベル3：言葉にされていないことを明確にする
　レベル4：理解できる理由（必ずしも妥当でなくても）に関して承認する
　レベル5：現時点で理にかなっているとして承認する
　レベル6：その人を承認できる人として扱う

　遊佐[10]によれば、レベル1と2は一般的に共感的と考えられることであり、レベル3と4は共感的解釈と類似しています。そして、レベル5と

6がリネハンの「承認」に独特の特徴です。

　レベル5は、クライエントの行動に含まれる知恵と妥当性を積極的に探し出し、現在の行動それ自体が、患者の人生の目標に向けても正当化できる有意義なものであると伝えることです。またレベル6は、クライエントをあるがままに受け止める際に、個人としての強さと能力に注目し、対応することです。マニング(3)は、相手が治療者にできることは何もないからと援助を求めなかった場合には、今は大変で援助を求められるような状態にはないことを承認し、後でまたやってみることを提案できると述べています。

　当初、B男は周囲からのすべての支援を拒否しました。これをみて、私は支援の対象は両親であると限定してしまったところがあります。しかし実際には、B男に対する働きかけはいつでも「後でまたやってみる」ことができたし、それを両親に伝えることができたのです。このような「承認」戦略はBPDのクライエントが示すような感情調節困難な状況を想定しなくても応用が利くものと思います。とくに、先ほど述べた「グッド・リーズン」への注目や、リソースを活用することに非常に近い考え方といえるでしょう。

（9）児相のなかでゆっくりとかかわる意味

　先に述べたように、このケースはブリーフに終了したわけでも、児相の機動力を活かせたわけでもありません。しかし、いつもは機動力を活かしたり強力な介入をしたりする児相がゆっくりとかかわることに意味があったのではないかと考えています。

　このケースの場合、父親が来談しなくなってからは、面接スタイルをずいぶん変え、母親自身に焦点を当てるようにしました。この段階でほんの少しだけ、私は母親やB男本人の「グッド・リーズン」を考え、「承認」できたように思います。もちろん、その当時の私がこのようなことを考えていたわけではありません。どうすれば相手の思いに沿うこ

とができるかだけをひたすら考えていました。この行為をきっかけに、私が背負っていた児相のイメージが母親のなかで変化した可能性があります。そこから生じた変化が会話の変化を生み、さらにB男と母親の関係やB男自身の変化につながっていったのかもしれません。

おわりに

「治療者が自分のためではなく、患者・家族というユーザーのために役立つための心理療法を提供しようとすること」、吉川(9)はブリーフセラピーをこのように説明しています。この点で考えると、私の提示したふたつのケースは姿形こそ変わっていますが、ブリーフセラピーの範疇に入っているのではないかと思います。このふたつのケースを通して考えたのは、「いかに児相らしさを出さないで支援するか」、つまり、本人や家族とつながるために児相のもつ権威的な側面をいかに払拭できるかでした。

しかし、よく考えればふたつのケースは児相を舞台にしなければ成り立たないケースだったとも思います。なぜならば、児相に権威的な側面があるからこそ、それを払拭することができるからです。児相を離れた現在、私は心理判定書を共同制作の形で使うことはできませんし、ケースのなかではより注意深く「承認」戦略を考えるようになっています。社会的に重要な役割を果たし、誰でも知っている児相だからこそできたかかわりということができるかもしれません。

ふたつのケースとも、最終的には他の機関に紹介されているため、私自身は終結までかかわっていません。しかし、措置先、または紹介先から、彼らとその家族に関する情報は時々入ってきていました。これもまた、強固なネットワークをもつ児相だからできたことです。

相談機関としての権威とネットワーク、どのようにして使うかは別と

して、児相のもつ素晴らしいリソースだと思います。

[文　献]
（1）Duncan, B.L., Hubble, M.A., Miller, S.D. (1997) *Psychotherapy with "impossible" cases: the efficient treatment of therapy veterans.* W.W.Norton.（児島達美，日下伴子訳〔2001〕『「治療不能」事例の心理療法：治療的現実に根ざした臨床の知』金剛出版）
（2）Linehan, M,M. (1993) *Cognitive behavioral treatment of borderline personality disorder.* The Guilford Press.（大野裕監訳，岩坂彰，井沢功一朗，松岡律他訳〔2007〕『境界性パーソナリティ障害の弁証法的行動療法：DBTによるBPDの治療』誠信書房）
（3）Manning, S.Y. (2011) *Loving someone with borderline personality disorder: how to keep out-of-control emotions from destroying your relationship.* The Guilford Press.（荒井秀樹監訳，黒澤麻美訳〔2014〕『境界性パーソナリティ障害をもつ人と良い関係を築くコツ：家族，友人，パートナーのための実践的アドバイス』星和書店）
（4）Nyland, D., Corsiglia, V. (1994) Being solution-focused forced in brief therapy: remembering something important we already knew. *Journal of Systemic Therapies* 13, 5-12.
（5）Ratner, H., George, E., Ivenson, C. (2012) *Solution focused brief therapy: 100 key points & techniques.* Routledge.
（6）柴田健（2003）「児童相談所における極私的ブリーフセラピーの試み：「つなぐ」という視点からの関わり」『ブリーフサイコセラピー研究』12, 44-48.
（7）高橋規子（2009）「コラボレイティヴな事例報告の試み：ある母娘と協働記述をおこなった事例」『ブリーフサイコセラピー研究』18(1), 1-12.
（8）浦河べてるの家（2005）『べてるの家の「当事者研究」』医学書院
（9）吉川悟（2004）『セラピーをスリムにする！：ブリーフセラピー入門』金剛出版
（10）遊佐安一郎（2014）「承認（Validation）：感情調節困難な患者との治療的関わりにおいての承認の意義」『精神療法』40(6), 851-857.

第11章

対人関係療法によるアプローチ
――不登校からひきこもりに移行した20代半ばの女性を通して

安達圭一郎

事例紹介

桜さん　女性

　初めてお会いした時の桜さんは、20代半ばにしては飾り気がなく、透き通るような白い肌がとても印象的な方でした。お互い簡単な自己紹介を済ませ、しばしの雑談の後、さっそくご相談内容を聞かせてもらうことにしました。桜さんは私のところに来ようと思ったいきさつを、ゆっくりとしたペースで、それでいてとても丁寧にお話ししてくれました。

　幼い頃から、人が争う場面や大きな声を出す人に出くわすと「恐い」気持ちに圧倒されてきた桜さんは、いつしか人とかかわることに苦手意識をもつようになり、小学校中学年のある頃から学校にまったく行けなくなったのでした。かかりつけ医から処方してもらった抗不安薬を飲みながら努力してフリースクールに通い、義務教育をなんとか終えました。その間、クラスメイトと表面的な付き合いはできても、気持ちを分かち

合えるような友人関係に発展することはなかったと言います。

　その後、高校受験を突破し高校に入学しますが、学校ではいつもお腹の調子が悪かったようです。内科を受診し、大腸に潰瘍があると言われた頃から、自分の臭いが周囲に伝わるのではないかと考えるようにもなりました。しかし、こうしたつらい状況にありながらも、高校を卒業しました。頑張って就職もしました。

　ところが、就職して半年が過ぎるあたりから、人とのかかわりそのものがいっそうつらく感じられるようになり、退職に至りました。会議、通勤のバスなど人が集まるところでは不安が高まり、何よりも職場において同僚や上司と会話するたびに緊張し、冷や汗をかいたり震えたりで、とても苦痛だったと振り返りました。退職以降は、自宅にひきこもるようになり、「自分は社会人としてやっていけない人間」と考えることが増えていきました。それに伴い、夜型の生活リズムとなり、就寝時間は午前1：00〜4：00、起床時間は午前10：00〜午後3：00という乱れた状況でした。桜さん自身は、「深夜、誰も起きていない時間帯が一番リラックスしていられます。でも、このままだと社会に復帰できないという不安があります」と語りました。

　母親からの説得もあり20歳の時に初めて精神科を受診し、「社交不安障害」（表11-1参照）という診断で投薬治療を受けるようになりました。この病気に対する主治医からの説明に一応は納得しましたが、一方で桜さんは、「みずからの生き方や考え方がこうした状況を招いている」「自分はだめな人間、という思いから抜け出せずにいた」とも言いました。そう思うのは無理もありませんでした。私のところを訪れるまでの6年間、桜さんは主治医の言う通りに服薬し、できるだけ社会との接点を失わないように内職をするなどの努力を重ねてきたのですが、人とのかかわり場面における不安や緊張の程度はほとんど変化がなかったからです。

　そうしたなか、たまたま私が講師として招かれた「ひきこもり」に関する市民講座に来ていた桜さん母子は、その際に私の紹介した「社交不

表11-1　社交不安症／社交不安障害（社交恐怖）の診断基準（文献1）

A. 他者の注視を浴びる可能性のある1つ以上の社交場面に対する、著しい恐怖または不安。例として、社交的なやりとり（例：雑談すること、よく知らない人に会うこと）、見られること（例：食べたり飲んだりすること）、他者の前でなんらかの動作をすること（例：談話をすること）が含まれる。
B. その人は、ある振る舞いをするか、または不安症状を見せることが、否定的な評価を受けることになると怖れている（すなわち、恥をかいたり恥ずかしい思いをするだろう、拒絶されたり、他者の迷惑になるだろう）。
C. その社交的状況はほとんど常に恐怖または不安を誘発する。
D. その社交的状況は回避され、または、強い恐怖または不安を感じながら耐え忍ばれる。
E. その恐怖または不安は、その社会的状況がもたらす現実の危機や、その社会文化的背景に釣り合わない。
F. その恐怖、不安、または回避は持続的であり、典型的には6カ月以上続く。
G. その恐怖、不安、または回避は、臨床的に意味のある苦痛、または社会的、職業的、または他の重要な領域における機能の障害を引き起こしている。
H. その恐怖、不安、または回避は、物質（例：薬物乱用、医薬品）または他の医学的疾患の生理学的作用によるものではない。
I. その恐怖、不安、または回避は、パニック症、醜形恐怖症、自閉スペクトラム症といった他の精神疾患の症状では、うまく説明されない。
J. 他の医学的疾患（例：パーキンソン病、肥満、熱傷や負傷による醜形）が存在している場合、その恐怖、不安、または回避は、明らかに医学的疾患とは無関係または過剰である。

安障害」事例があまりにも桜さんの現状に似ていたため、私に「賭けてみよう」と一念発起して、母親とともに私のもとを訪れたのでした。

　桜さんのこれまでをみてみると、不登校、そしてひきこもりへと至るケースに典型的な経過ではないかと思います。
　さて、私は対人関係療法を専門としています。対人関係療法とは、現在進行中の人間関係、とりわけ両親、配偶者、恋人など「重要な他者」との関係の具体的なやりとりに焦点を当てながら、やりとり、その時に味わった感情、症状の変化の3つを関連づけていく短期療法（通常12～16回、50分／1回）です[6]。
　桜さんに対しても、対人関係療法による支援を試みました。一般的に知られているブリーフセラピーとは、短期であること以外は多くの点で異なっています。本章では、桜さんを通して、対人関係療法によるひきこもり事例に対するアプローチについて紹介します。

見立ての段階

（1）病気の確認、病者の役割の付与、現在の対人関係の聴取

　対人関係療法では、「初期」段階と呼ばれ、一般的には3～4セッションを使ってクライエントの問題の成り立ちや今後の面接の見通しを立て、契約を結ぶ段階です。

　そもそも、対人関係療法は、うつ病に対して繰り返し科学的な有効性が確認されてきた心理療法です。その後、さまざまな精神疾患、なかには桜さんのような社交不安障害に対しても、修正を加えることで同様に有効性が確認されてきました。

　さまざまな精神疾患に対する対人関係療法に共通しているのは、「医学モデル」をとるという点です。医学モデルというのは、クライエントは病気の状態にあり、治療可能であることを強調する立場です。つまり、クライエントが示す種々の問題となる行動は、遺伝や生育環境等が複雑に関与して発症した病気の症状であり、みずからの力によるコントロールが困難な状況にあることをきちんと理解してもらうのです。そうすることで、クライエント自身や周囲の人々が、本来病気の症状と位置づけるべき行動まで、怠けや気力のなさ、あるいは性格などのクライエントの人間性に原因づけてしまい、いたずらに病気を長引かせてしまうといった悪循環を断つことができます。

　貝谷が国外の主な疫学研究をまとめた資料をみると、生涯の間に社交不安障害に罹患する可能性のある人は2.7～19.2％（中央値7.0％）でした。これは社交不安障害が、精神疾患のうちうつ病、アルコール依存症、特定の恐怖症に次ぎ、4番目に高い有病率であることを示しています。

　ところが、実際に医療施設を受診する率はわずかに4.0％であり、うつ病の30％程度と比べても極端に低いことがわかっています。受診率が低い理由のひとつは、クライエント自身や周囲の人が、社交不安障害を疾患ではなく性格の問題（"内気""恥ずかしがり""あがり症"など）と位

置づけることが少なくないことです。しかし、桜さんがそうであったように、ひきこもりと社交不安障害の関係は密接で、ひきこもり状態にある人の約7割が社交不安障害と診断されるという報告もあります(9)。さらに、社交不安障害は、自然経過のなかでは回復しにくい病気であることもよく知られています(6)(8)。

　本来は、社交不安障害という病気の症状として適切な治療を受けるべきところを、性格の問題として片づけられ、長期間にわたって社会生活が損なわれてしまっている例は決して少なくないと思います。

　桜さんの話に戻りましょう。桜さんは、20歳の時に精神科医によって社交不安障害と診断され、服薬治療や生活指導を受けています。対人関係療法でも、クライエントが精神疾患に罹患している場合はそのことを積極的に取り上げます。

　私と桜さんは、桜さんが社交不安障害に罹患していることを、国際的な診断基準であるDSM（米国精神医学会編『精神疾患の診断・統計マニュアル』）、各種質問紙を使いながら、具体的なエピソードとともに再確認しました。そのうえで、病気であるということは、桜さんの性格や気力、根性などとはまったく無縁なところで、現在の対人恐怖、評価されることへの不安、ひいては外出への不安が起こっているということだと説明しました。同時に、病気であれば治すための方法があるということも伝えました。その際、社交不安障害の発症要因、症状、経過などに関する心理教育を交えながら、桜さんには「病者の役割」をとってもらうよう要請しました。

　病者の役割とは、他の身体疾患同様、病気が治るまでの期間は、一定の社会的役割や責務が免除されますが、そのかわり専門家の力を借りながら治すための努力を最優先に生活を送るという役割です。

　桜さんは、自分が病気の状態にあることは頭では理解できるが、対人不安や緊張がそれらの症状であることや、治るということに対しては、「正直、半信半疑である」と言いました。私は、これまでの長い病歴を

考えると疑いの気持ちをもっても不思議ではないと思うことを伝え、それでも桜さんが意欲をもってカウンセリングに取り組むことでおのずと納得できるようになるとの見通しを伝えました。

さらに、同席の母親には、これまでの桜さんへの心労やかかわりにおける工夫を受容するとともにねぎらい、今後は新たな気持ちで桜さんのサポーターとしての役割を担ってもらうようお願いしました。具体的には、社交不安障害のテキスト(6)を読み、社交不安障害という病気のことや対人関係療法が目指すこと、家族としての心構えなどをいま一度復習し、日常の桜さんとのかかわりに役立ててもらうようお願いしました。

さて、初期段階では、さらにクライエントの現在の人間関係、とりわけ両親や配偶者など「重要な他者」との関係性、そうした関係性と症状とのつながりを詳細に聴取します。

桜さんが現在何らかの形でかかわりをもつのは、母親、7歳年上で一人暮らしの兄、内職の材料調達係（中年の男性）、ひきこもりサポート施設の当事者と職員でした。また父親は、幼少の頃からワンマンで母子に対するDVの激しい人であったため、5年前に離婚し、以降母子二人暮らしとのことでした。母親は、最も頼りにでき、桜さんのつらい気持ちをわかろうとし、優しくかかわってくれる人物であると桜さんは語りました。ただ、母親の本心は、桜さんの気持ちを大切にすることよりも一刻も早い社会的自立のほうにあるのではないかとも語りました。その証拠に、母親はよく内職やサポート施設への通所を勧めてくるそうです。桜さん自身も、そんな母親の期待に応えたいと内職を始めたり、サポート施設に通所したりしますが、かかわる人から「変に見られているんじゃないか」と思い、過度の緊張の結果ボロボロになるまで疲れてしまい、何もできなくなってしまうことを繰り返していました。さらに、何をやっても満足に続けられない不甲斐なさから不安やイライラが募り、母親に「八つ当たり」をしてしまうことも日常となっていました。

そんな時、決まって桜さんは、「本当に病気の症状なのか？　単に自

分が弱いダメな人間なだけなのではないか？」と自己を責めていました。同時に、外出や他者とのかかわりに対する不安が増強しました。

最後に、私に対し、「仮に病気なのであれば、早く治して母親を安心させたい」と今回の面接に対する願いを述べました。

（2）フォーミュレーションと治療プラン

以上の情報に基づき、桜さんの問題の成り立ちについて見立てを行い、桜さんとともに共有しました。

対人関係療法では、クライエントの病気の経過と関連の深い4つの「問題領域」のなかから1つないし2つを選択し、選ばれた問題領域に即した支援を行うのが特徴です。4つの問題領域とは、重要な他者との死別といった「悲哀」、重要な他者との間で相互に抱く役割期待や役割行動にズレが生じている場合の「対人関係上の役割をめぐる不和」、転居、昇進、転職などに伴って生じた人間関係の変化に適応できない場合の「役割の変化」、社会的に孤立しており人間関係を構築することが困難である「対人関係の欠如」を指します[7]。

通常は、病気が発症するきっかけとなった出来事を問題領域とするのが原則ですが、桜さんのような社交不安障害、その他、気分変調性障害といった長年にわたって慢性の経過をたどる疾患の場合、発症のきっかけを同定するのは困難です。

マーコウィッツ[5]は、こうした慢性の経過をたどる気分変調性障害の患者に対して、「医原性役割の変化」という問題領域を提案しました。医原性役割の変化とは、本来は、支援によって引き起こされる病気の状態から健康な状態への「役割の変化」を意味していますが、水島[7]はその本質を、「自分の状態は人間性の問題だとしか考えられない」というところから「自分の状態は病気によるものだと考えることができるようになる」というところへの変化にあるとしました。

私は、桜さんにも「現在の自分の状態は、病気によってもたらされた

症状である」ことをしっかり理解してもらうことが重要であることを説明し、桜さんの問題領域を「医原性役割の変化」とすることを提案しました。さらに、病気ではなく自分の弱さ、気力のなさなどの人間性に問題を感じ続けてしまうことが、さらなる症状の悪化につながるという、問題領域と症状との関連性（フォーミュレーションと言います）について丁寧に解説しました。また、こうした理解を進めるうえでも、さまざまな場面における桜さんの気持ちを重要な他者である母親にありのまま理解してもらうことが重要であることも付け加えました。

　以上のことから、今後の治療プランとして、①社交不安障害という病気について、桜さんの生活に即して体験的に理解してもらうこと（心理教育）、②重要な他者である母親とのコミュニケーションを感情とともに振り返りながら、相互の気持ちにズレが生じないかかわりのあり方を模索し実践すること、③不安に強い生活リズムを整えていくこと、を桜さんに提案しました。そして桜さんからの同意を得て、残り12回の面接を行うという契約を結びました。

　その際、以下のような約束をしました。①現在通院している精神科医の承諾を得ること、現在服薬中の薬を継続すること、②面接中、私の理解が少しでも間違っていると感じたら、お手紙でも、母親を通じてでもかまわないので、必ず知らせてほしいこと、です。

介入の段階

　治療プランに従って、具体的な介入を行う段階で、対人関係療法では「中期」と位置づけられます。

　対人関係療法による中期の課題は、決められた問題領域に取り組むことです。ただ、問題領域によって介入のあり方が多少異なってきます。桜さんの場合は、「医原性役割の変化」という問題領域ですので、現在損なわれている生活が社交不安障害という病気によるものであることを

理解しながら、そのうえで、病気の回復にエビデンスのある重要な他者とのコミュニケーションの見直しと、現実場面での実践、生活リズムの立て直しを目標としました。

また、初期段階では、できるだけクライエントに即した見立てを行うために、治療者のほうがイニシアチブをとりながらセッションを進めていきましたが、中期になると、基本はクライエントが、面接と面接の間に起こったとくに印象に残る「感情が揺さぶられた体験」「症状がとても悪くなったエピソード」などを話題として提出し、そのことについて話し合うというふうに、主導権が変わります。

治療者の基本的態度は、「クライエントの代弁者としての温かい立場」「必ず治るという希望的楽観的立場」「共同研究者としての立場」(7)というように、クライエントのチアリーダー的役割に徹します。クライエントがいかなる状況にあってもクライエントのサイドに立ち、気持ち（感情）を受容しつつ、クライエントの実情に合わせた問題克服への「作戦立案」を目指します。治療者による一方的決めつけや押しつけなどはもってのほかです。なお、こうした作戦を現実場面で実行するかどうかはクライエントに任される部分が多く、治療者からは、クライエントの意向に沿ったプッシュ程度でとどめます。(6)

最後に、補足となりますが、問題領域に関した詳細で具体的な情報収集に関しては、治療者が積極的になります。とくに、出来事（他者とのやりとり）、感情、症状との関連性を明確にすることは、クライエントの日常的なコミュニケーション・パターンを同定し、今後の作戦立案に活かすうえで必須のものとなります。とくに、治療者が自分の思い込みでクライエントの実情を歪曲しないためにも、丁寧に、そして具体的にお話を聴取します。

桜さんとのセッションでも、毎回「前回お会いしてからいかがですか？」という決まり文句からスタートし、桜さんが面接外の時間で体験した感情が揺さぶられるエピソードについて話し合うと同時に、生活リ

ズムの記録表を確認しました。

　中期、第1回目のセッション（通しで第5回目）の頃には、母親に紹介したテキストを母子ともに熟読しており、初期での見立てや治療プランに対する理解がさらに進んでいることがわかりました。

　そうしたなかで進められた支援の具体例をピックアップして紹介します。出来事と感情、症状との関連性を理解する一場面です。第6回目の面接で桜さんが話題として提供してくれました。

桜さん：「この間、久しぶりにサポート施設に行きました。そこで、私がフリースクールに通っていた時に同期だった友だちと会ったんです。嬉しくなって、少しテンションが上がって、いつもよりはしゃいでしまったんですが、いつの間にか『あんなにはしゃいで周りの人からどう思われただろう？』『周りの人のことも考えず、調子に乗ってはしゃいでしまった自分は、なんと身勝手な人間なんだろう！』と思い始めたんです。家に帰ってからも、そのことが気になって眠れなくなりました」

治療者：「そんなことがあったんですね。嬉しくなって少しはしゃいだのはいいけれど、その後で、周りにいる人たちのことも考えずに身勝手なふるまいだったとか、周りの人からどう思われているんだろうとか思い始めて、止まらなくなり、夜も眠れなくなった、ということでいいでしょうか？」

桜さん：「はい……」

治療者：「それはしんどかったと思います。（はい。）話してみて、今は大丈夫ですか？（はい。）それじゃあ、いつものように、この時の状況についていくつか質問しても大丈夫ですか？」

桜さん：「はい、お願いします」

治療者：「『周りの人からどう思われただろう』とか『自分はなんと身勝手な人間なんだろう』と考えていた時に、桜さんはどんな気持ち、

　　　　あるいは感情だったのでしょうか？」
桜さん：「とても不安でした」
治療者：「なるほど、不安な気持ちだったんですね。桜さんとしては、周りの人から具体的に『どんなふうに思われた』と考えたのでしょうか？」
桜さん：「えーっと、たぶん、『一人ではしゃいでうるさいなあ』とか『一人で騒いでばかみたい』とか……。でも本当のところはよくわかりません。そう思われているかもしれないと思うと不安で……」
治療者：「『そう思われていたら……』と思うとたしかに不安になると思います。一般に、私たちは、よくわからない状態に置かれると不安になりますよね。でも、実際に周りの人がどう思っているかは、その人に直接聞いてみないとわかりませんよね。いかがですか？」
桜さん：「先生の言う通りだと思います。でもそれができればこんなに悩まないです」
治療者：「そうですよね。それができないほど、不安が高まってしまっている。だから、とても相手に直接聞いたりなんかできるわけがないと思います」
桜さん：「ちょっとしたことなら聞ける時もありますが、サポート施設にはあまりよく知らない人がたくさんいるので、『冷静にならなければ！』と思うんですが、思えば思うほど不安な気持ちが勝手に膨らんでしまって……。自分ではどうしようもできないし、とても聞くなんてことはできません」
治療者：「とてもよくわかります。あまり知らない人の前で、ついつい"嬉しくてはしゃぐ"という自分の本心を出しちゃうと、その後、どう思われているのか、自分ではとてもコントロールできないぐらい不安になったんですよね。これですね、ここにも書いてありますが（DSMの診断基準を見せながら）、社交不安障害の症状なんです。今の話を聞いてどう思われますか？」

桜さん：「そうですね。書いてますね……」
治療者：「そうなんです。病気の症状ということは、何度も言ってますように、桜さんの人間性や考え方の問題なんかではありません。勝手に不安が高まってしまうんです」
桜さん：「わかりました。そんなふうに考えると少し楽になります。自分が『ダメな人間』じゃないんだと……」

こうした介入で、桜さんに社交不安障害という病気の性質を少しずつ理解してもらいながら、これまで継続してきた母親とのコミュニケーションに私とのやりとりも加えてもらうようにしました。その際、家事や仕事に多忙な母親との直接的なコミュニケーションが難しかったため、桜さんの意見を取り入れて、交換日記方式にしました。

交換日記方式にして以来、桜さんは、母親が自分の気持ちを思いのほかよくわかってくれていることを実感できるようになりました。それに呼応するように、母親の要望に対して「今は無理そうだから」と自分の気持ちを正直に話しても、母親から「桜がそう思うのなら……。もう少し待とうね。こんなふうにちゃんと話しあうことは大切よね」と受けとめられる経験を積み重ねていきました。

同時に、生活リズムも徐々に整うようになり、午前0：00に就寝し、朝8：00には起きるようになりました。

第10回目を過ぎる頃には、サポート施設の職員にもいやなことはいやと言えるようになり、症状は明らかに軽快していきました。主治医からも、薬を大幅に減らす方向であることが告げられました。

地固めの段階

対人関係療法では「終結期」と呼び、2〜3セッションかけてクライエントに起こった変化やクライエントが学んだスキルを具体的に振り返

り、今後の生活への準備を行います。

桜さんは、まず、これまで「自分の弱さ」と思っていた対人恐怖、評価されることへの不安、ひいては外出への不安は、すべて病気の症状であることがわかって本当によかったと述べました。実際、病気と位置づけ、治療に必要な努力（生活リズムの安定化、適切な方法で自分の気持ちを他者に伝えること）を継続することで、こうした症状は軽くなることを理解し、「これまでのような無力な自分から、なんとかなると思える自分になれた」ことに自信を深めたのです。また、同時に母親とのコミュニケーションで本心を話しても、母親はきちんと受けとめてくれることが確認できたことも、今後面接を終えていくうえで、大きな安心材料になるとも言いました。

治療者である私と上記の内容を共有し、全16回の面接を終了しました。

その後の桜さん

面接終了後、4回程度、月に1度のフォローアップ面接をし、順調にサポート施設に通っていること、母親との交換日記を継続していること、症状はさらに軽快していることを確認しました。

桜さんとはその後6年、年賀状のやりとりを行っています。精神科通院は終わり、フルタイムで働きながら、元気に暮らしているとのことです。

おわりに

繰り返しになりますが、対人関係療法の真骨頂は、「医学モデル」を採用し、症状と関連の深い現実の対人関係などに対して、クライエントみずからが変化を起こし、結果的に症状が軽快するという点です。したがって、クライエント自身の性格や人間性に何ら言及しなくとも、今こ

こで起こっている現実生活の対人問題に取り組むことによって、症状への対処が十分に可能であることをクライエントみずからが学び、自信を深めていくことができます。

　桜さんも、不登校になって以来十数年、社交不安障害という病気に翻弄されながらつらい半生を歩んできましたが、先のようなプロセスで、本来もっている自信を取り戻し、立派な社会人としてその歩みを再開しました。もちろんその背後には、常に桜さんのことを見守り、サポートし続けてくれた母親の存在は欠かせません。ただ、それも、大きな部分で、母親との間に良質なコミュニケーションを営もうとする桜さん自身の取り組みがあったからこそと言えるものです。

　最後に、今回呈示した事例については、個人情報保護の観点から、面接の趣旨を損なわない範囲で変更を加えています。掲載をご快諾してくださった桜さんに心より感謝申し上げます。

［文　献］
（１）日本精神神経学会（日本語版用語監修），髙橋三郎，大野裕監訳（2014）『DSM-5 精神疾患の診断・治療マニュアル』医学書院．pp.200-201.
（２）貝谷久信編著，樋口輝彦監修（2010）『社交不安障害』（新現代精神医学文庫）新興医学出版社
（３）Klerman, G.L., Weissman, M.M., Rounsaville, B.J. et al. (1984) *Interpersonal psychotherapy of depression*. Basic Books.（水島広子，嶋田誠，大野裕訳〔1997〕『うつ病の対人関係療法』岩崎学術出版社）
（４）Lipsitz, J.D., Markowitz, J.C., Cherry, S. et al. (1999) Open trial of interpersonal psychotherapy for the treatment of social phobia. *American Journal of Psychiatry* 156(11), 1814-1816.
（５）Markowitz, J.C. (1998) *Interpersonal psychotherapy for dysthymic disorder*. American Psychiatric Press.
（６）水島広子（2010）『対人関係療法でなおす社交不安障害：自分の中の「社会恐怖」とどう向き合うか』創元社
（７）水島広子（2009）『臨床家のための対人関係療法入門ガイド』創元社
（８）田島治（2008）『社会不安障害：社交恐怖の病理を解く』ちくま新書
（９）山田和夫（2012）『よくわかる社会不安障害』主婦の友社
（10）山田武史，中込和幸（2010）「社会不安障害（SAD）の障害，comorbidity，診断」『臨床精神薬理』13(4), 705-713.

補章

ブリーフセラピーとブリーフサイコセラピーのブリーフなお話

坂本真佐哉

　本書のタイトルの一部にもある「ブリーフセラピー」ということば、よく見かけるようになったのではないでしょうか。一方、学術団体には「日本ブリーフサイコセラピー学会」があります。実は本書の一部は、日本ブリーフサイコセラピー学会の研修委員会が企画した2015年の日本心理臨床学会での自主シンポジウムの発表が元になっています。

　それはさておき、「ブリーフセラピー」と「ブリーフサイコセラピー」とはどのような関係なのでしょうか。また、本文にいくつかの専門用語が出てきますので、その解説も兼ねて、少しだけ簡単に（ブリーフに）整理をしてみようと思います。中途半端にマニアックな内容かもしれませんので、関心のない方や反対にこの領域に精通している方にはあまり役に立たないかもしれません。そのような方はどうぞ読み飛ばしてください。

ブリーフセラピーのはじまり

　ブリーフセラピーという言葉は、米国のメンタル・リサーチ・インスティチュート（MRI）で1967年に設立されたブリーフセラピー・センタ

ー（以下、BTC）に端を発します。BTCのアプローチで驚くべきことは、それまでの精神医学や当時主流だった精神分析などとはまったく異なる視点で心の問題にアプローチしたところです。まったく異なる視点とは、人の心のなかの病理などをいっさい「問題」にしなかったことです。心のなかに問題の原因を求めないのならば、それはもう「心の問題」と呼べるのかどうかもあやしいところなのですが。

そうすると「そもそも心とは？」などという議論にいきたくなるのですが、その誘惑に今回は抵抗することにします。このBTCの理論的な柱は、文化人類学者のG・ベイトソンらのプロジェクトから発展したコミュニケーション理論です。卓越した催眠療法家であったミルトン・エリクソンの治療プロセスからも多大な影響を受けています。

このアプローチの例として、たとえば、吃音で悩んでいたセールスマンに対して、「通常のセールスマンに立て板に水のごとく押しつけがましく話されるよりも、むしろあなたのようにゆっくり話すほうが相手に誠意が伝わり、しっかりと耳を傾けてくれるだろうから、吃音を続けてはどうか」（筆者要約）ともちかけたところ、セールスマンは納得し、もっと吃音の状態でいようとしたのですが、反対に吃音は改善した、との報告があります。

BTCが提唱した問題解決のモデルはきわめてシンプルです。問題を解決しようとする行動自体（偽解決）が問題を維持していると考えるのです。よって、その問題と偽解決の相互作用が変更されれば（悪循環が断ち切られれば）問題は解決することになります。ここでは、吃音を治そうとする本人の努力がむしろ吃音を維持しているとの仮説が想定されています。吃音が生じる心のなかのメカニズムは不問です。技法としては、吃音の意味が本人にとって否定的なものから「むしろ誠意が伝わる」との肯定的なものへと変換されるという「リフレーミング」が使用されています。こうなるともう元の問題は問題とはいえませんから、治すべきものではなくなるのですが、その枠組みがかえって緊張感を減ら

すことになり、吃音が改善したのかもしれません。このような「治っても治らなくてもOK」の状態は「治療的二重拘束」と呼ばれています。
　この変化の理論は、システム論に基づいた家族療法（システムズアプローチ）をはじめ、多くの心理療法に多大な影響を及ぼしたことはいうまでもありません。

システムズアプローチとの関連

　システムズアプローチの歴史自体は、さらに遡ります。1940年代からさかんに行われるようになった統合失調症における家族研究や、心の問題を人生早期の親子関係に求める精神分析の流れを汲んだ母子への介入などを経て、一般システム理論を取り入れて家族の人間関係のありようを理解するようになったのが1970年代からです。
　一般システム理論では、システムを構造、機能、発達（歴史）という3つの切り口（システムの三属性）で眺めることができます。私たちは、車のエンジンや生き物の体もこのような視点で理解しています。たとえば、車のエンジンでいえば、構造は部品と部品の位置関係にあたります。機能はそれらの働きです。発達は時間軸に伴う変化、つまりそれぞれの部品も磨耗したり劣化したりしますから。このような視点で家族を眺めるならば、構造は家族の人間関係における心理的な位置関係を示します。母親と息子が密着していて、父親がちょっと離れている、など。機能は、コミュニケーションの流れです。家族のような特定の集団のコミュニケーションでは、結構似たような話の展開になることは日常的によく経験しますよね。発達は、時間軸による変化ですが、家族の場合は子どもの成長や自立による変化ということになります。
　遊佐の『家族療法入門：システムズ・アプローチの理論と実際』は、いまだに家族療法を実践する者にとってのバイブルですが、そこでは、三属性からのアプローチとして、構造面からはミニューチンの構造派家族療法、機能面からは先述したMRIブリーフセラピー、発達面からは

ボーエンの多世代家族療法を挙げています。

　つまり、家族を一人ひとりの個別の人間としてみるというよりも、全体（システム）としての視点をもつ、というのがシステムズアプローチなのです。「問題」が個人の内面ではなく、人間関係というシステムのなかに位置づけられたのは、システム論という認識論によるところですから、その文脈にMRIブリーフセラピーの理論と技法が取り入れられたのは自然なことだったでしょう。

　システムズアプローチでは、「一部は全体に影響し、全体は一部に影響する」という考え方を採用しています。家族でいえば、家族全体の変化が一人の変化に影響し、一人の変化が家族全体に影響するということですが、日常に照らし合わせれば当然のことでしょう。よって、家族のなかの誰かのほんの一部が改善すれば、他の家族メンバーや家族全体も影響を受け、変化することになります。本書のテーマである不登校やひきこもりの相談においては往々にして本人が来談しにくいという状況を考えると、本人ではなくても来談した関係者に有益な支援を実践することができれば、本人にもよい影響を及ぼすことができるという、とても使える理論と技法なのです。取りかかれるところから支援を始めることが有益であるとの理論的な後ろ盾がありますから、「本人を連れてこないと何もできません」などと支援者はもう言わなくてもよいのです。

もはや問題のことは知らなくてよい

　さて、これらのMRIやシステム論に影響を受けたディ・シェイザーとインスー・キム・バーグは、先のような問題維持モデルからさらに、解決構築の理論と技法であるソリューション・フォーカスト・アプローチ（SFA）を発展させました。もはや、解決のために問題についての情報は必要ないとまで言い切ったのです。なぜなら変化はすでに絶え間なく生じているからです。

　このような考え方は、「例外」の発見から出発したとされています。

私たちを悩ませている問題には必ず例外があります。つまり、常に同じように問題がそこに存在しているわけではありません。たとえば、夫婦げんかで悩んでいるカップルがいるとします。夫婦げんかが仮に毎日生じるとしても、24時間続いているわけではありません。けんかのない時間帯もあるはずです。あるいは、けんかが生じてもいつもよりは激しくなかった日があったり、早く終わる日もあったりするかもしれません。必ず、何かしらの変化はあるのです。SFAでは、そのすでにある変化に焦点を当てて会話を広げます。夫婦げんかの起こっていない状態はどのような時でしょうか？　どうやってそのような時をつくることができたのですか？　そのような時間にはどのようなことをしているのでしょうか？　などの質問により解決についての会話を広げます。
　SFAの創始者たちは、どのようなことがきっかけでけんかをするのか、とか、何時間くらい続くのか、などといった問題の大きさや性質について知ろうとしません。もちろん、夫婦それぞれの病理なども問いません。なんと潔いことでしょうか。このような考え方は、心理療法にコペルニクス的転回をもたらした、とまで筆者は考えています。SFAに初めて触れた時のインパクトはいまだに忘れられません。大げさではなく。「問題」は人のなかから飛び出しただけではなく、ついには見向きもされなくなってしまったのです。
　SFAによって、解決の概念はさらに大きな変貌を遂げたといえます。解決はもはや問題が消えてなくなることだけではありません。問題あっての解決から、解決についての会話を広げることでさまざまな解決が立ち現れ、積み重ねられていくのです。このようなプロセスを「解決構築」と呼びます。SFAでは、解決構築のために有効な質問技法が洗練されています。先ほど述べた例外について尋ねる質問のほか、具体的な解決像を描いてもらうために奇跡が起こったと仮定するミラクル・クエスチョンはあまりに有名です。コーピング・クエスチョンやスケーリング・クエスチョンは第2章に具体的で素敵な会話例として示されていま

すし、その他にも本書ではSFAの技法を随所に見ることができます。

ストーリーをともに書き換える

SFAと同時期に発展を遂げたのはマイケル・ホワイトとデイビッド・エプストンによるナラティヴ・セラピー[6]です。「外在化する会話」は先のミラクル・クエスチョンと同じくらい有名でしょう。本書でも第7章や第10章で登場します。

外在化する会話では、問題を人々から切り離し、問題に負けていない「ユニークな結果」をクライエントとともに探索することで新たなオルタナティヴ・ストーリーを紡いでいきます。援助者は、クライエントとともに「問題に対抗する立場」に立ちます。「問題」は、人のなかにあるのではなく、社会における人と人のコミュニケーションのなかで構成されるものと考えられますから、クライエントが「問題」に負けていない自分を取り戻すことができるように会話を広げていきます。

ナラティヴ・セラピーには他にもさまざまな会話のプロセスのバリエーションがありますが、会話を重ねることにより新たなストーリーが生まれ、そのことがまたさらに新たなストーリーの元になっていきます。会話が重ねられるたびに新たな現実が構成され、次の会話を促進し、さらに別の現実が構成されていきます。ホワイトは、マディガンによると、グレゴリー・ベイトソンの理論の影響を受けて理論を発展させたとのことです。また、もう一人の創始者であるエプストンは「問題」の概念を問題視することに長い間取り組んでおり、その始まりはMRIの仕事である、と述べています[8]。

どこまでがブリーフセラピーなのか？

このように個人のなかに原因や病理を求めない反個人主義的ともいえる心理援助はどんどん発展しています。上で紹介したもののほかにも、リフレクティング・プロセスやコラボレイティヴ・アプローチ、最近で

はオープンダイアローグなどもこの系譜といってよいのではないでしょうか。ただし、これらは社会構成主義心理療法としてみられています。さて、これらもすべてブリーフセラピーといえるでしょうか。ここから先はおそらく専門家もそれぞれいろいろな意見をおもちのことと思います。

日本ブリーフサイコセラピー学会の初代会長である宮田[9]は、ブリーフセラピーの特徴として相互作用モデルを採用しているものとしました。よって、そこにはミルトン・エリクソンの催眠療法を継承しているエリクソニアン・モデルやMRIブリーフセラピーはもちろん、ジェイ・ヘイリーの戦略モデル、SFA、そしてナラティヴ・セラピーなど、相互作用論から発展したものが含まれることになります。もしかしたら、個人のなかに原因を求めないセラピーというくくり方もできるのではないでしょうか。

しかし、先も述べたように社会構成主義心理療法といわれているナラティヴ・セラピーやリフレクティング・プロセス、コラボレイティヴ・アプローチまでをブリーフセラピーとすることについては異論を唱える人もいるかもしれません。社会構成主義といえば、SFAも解決構築という点では社会構成主義の考えを取り入れているといえるでしょう。ただし、シェイザーらが開設した治療機関はブリーフ・ファミリー・セラピー・センター（BFTC）であり、ブリーフの名を冠しています。また、心理援助を短期に行うことに重きをおいていたことは面接回数に関するリサーチを行っていたことからもうかがわれます[10]。よって、SFAをブリーフセラピーの範囲に入れることは多くの人に異論のないところでしょう。欧米ではソリューション・フォーカスト・ブリーフセラピー（SFBT）の呼称もあり、ブリーフセラピーといえばほぼSFAのことを指す場合も多いようです。

しかし、ナラティヴ・セラピーをはじめとした社会構成主義心理療法のグループは、必ずしも短期の解決を謳っているわけでも、それにこだ

わっているわけでもないようにみえます。期間というよりもむしろ、対話や会話のもつ力を最大限に引き出すためのプロセスをクライエントとともにどのようにつくっていくのかというセラピストの姿勢に重きをおいているように感じられます。

では、ブリーフサイコセラピーとは？

セラピーの期間が短いものとして宮田(11)は、行動療法、認知療法、認知行動療法、現実療法、時間制限心理療法などを挙げ、これらを「ブリーフサイコセラピー」の範疇であるとしました。そしてブリーフセラピーはそのうちの一部であるとしました。本書の第2部にある対人関係療法もセラピーの期間を短期に設定することから、ブリーフサイコセラピーのひとつとして加えることができるかもしれません。

長谷川(12)は、日本ブリーフサイコセラピー学会の学会誌である『ブリーフサイコセラピー研究』の16年間の論文の数を調べた結果、先の宮田の(9)定義によるナラティヴ・セラピーまでを含んだ意味の「ブリーフセラピー」が最も多く（42.9％）、次が統合（37.3％）、その他（催眠やゲシュタルト、イメージなど）（11.5％）、臨床動作法（3.6％）、認知行動療法（2.8％）、短期力動的精神療法（2.0％）という順番だったと報告しています。

また、会員動向調査(13)でも、日本ブリーフサイコセラピー学会の学会員が参照するアプローチとしては、ブリーフセラピー以外に精神力動や催眠、臨床動作法、EMDR、ゲシュタルト療法などが挙げられています。つまり、この学会がブリーフ（短期）をキーワードにさまざまな心理援助の理論と技法について学際的に討論される場であることを表しているでしょう。

おわりに

いかがだったでしょうか。ブリーフセラピーとブリーフサイコセラピーについて、多少なりとも整理のお手伝いができたならば、このコーナ

ーの役割は果たせたかもしれません。

　いずれにしろ、ブリーフセラピーとブリーフサイコセラピーはどちらも「ブリーフ」という言葉を冠しており、そこに共通する「ブリーフ（短期）」にはもちろん時間を意識した意味合いがあります。心理援助を「ブリーフ」にするためには、言うまでもなく効果や効率を意識しなければなりません。効果や効率はセラピストの側だけから考えても意味がありませんから、当然ながらユーザーであるクライエント本位にならざるを得ないでしょう。

　となると、「ブリーフ」を冠した心理援助はとにもかくにも、ただ単に短期間のセラピーを示すというよりも、常にクライエントの求めるニーズに敏感であり続け、求められる心理援助というサービスを提供しようとする援助者の姿勢を表すように思われます。

　医療の世界でインフォームド・コンセントが叫ばれ、専門家が一方的に何かを決めるのではなく、クライエント自身が主体的にさまざまな選択ができるような情報の提供とコミュニケーションが試みられ始めてからすいぶんと時間が流れました。心理援助の見立てや方針も専門家だけのものではなく、どのようにクライエントと共有するのかがますます求められていくことでしょう。ブリーフセラピーやブリーフサイコセラピーが、クライエントに敬意を払い、クライエント本位の心理援助サービスの旗手として今後も発展することを期待したいと思います。

　とはいえ、以上のブリーフに関する「お話」はあくまで筆者である私のメガネを通した構成です。みなさんにはそれぞれの「ブリーフ」を育てていただけたらと思います。

［文　献］
（1）リチャード・フィッシュ，ウェンデル・A・レイ，カリーン・シュランガー編（小森康永監訳）（2011）『解決が問題である：MRIブリーフセラピー・センターセレクション』金剛出版
（2）ポール・ワツラウィック，ジョン・H・ウィークランド，リチャード・フィッシュ

（長谷川啓三訳）（1992）『変化の原理：問題の形成と解決』法政大学出版局
（3）ポール・ワツラヴィック，ジャネット・ベヴン・バヴェラス，ドン・D・ジャクソン（山本和郎監訳）（1998）『人間コミュニケーションの語用論』二瓶社
（4）遊佐安一郎（1984）『家族療法入門：システムズ・アプローチの理論と実際』星和書店
（5）インスー・キム・バーグ（磯貝希久子監訳）（1994）『家族支援ハンドブック：ソリューション・フォーカスト・アプローチ』金剛出版
（6）マイケル・ホワイト，デビット・エプストン（小森康永訳）（1992）『物語としての家族』金剛出版
（7）S・マディガン（児島達美他監訳）（1995）『ナラティヴ・セラピストになる：人生の物語を語る権利をもつのは誰か？』北大路書房
（8）デイヴィッド・エプストン（小森康永監訳）（2003）『ナラティヴ・セラピーの冒険』創元社
（9）宮田敬一編（1994）『ブリーフセラピー入門』金剛出版
（10）スティーヴ・ド・シェイザー（小野直弘訳）（1994）『短期療法解決の鍵』誠信書房
（11）宮田敬一編（2003）『児童虐待へのブリーフセラピー』金剛出版
（12）長谷川明弘，松岡智恵子（2010）「『ブリーフサイコセラピー研究』の動向と提案：創刊号から16巻までの掲載論文に基づいて」『ブリーフサイコセラピー研究』19(1), 15-27.
（13）長谷川明弘，北村文昭（2013）「実践と学びの実態：第3回会員動向調査」『ブリーフサイコセラピー研究』22(2), 102-107.

おわりに

　補章にも少しだけ書きましたが、本書の第1部は日本心理臨床学会で行った自主シンポジウム「不登校・ひきこもりの支援でブリーフサイコセラピーができること」が元になっています。シンポジストは日本ブリーフサイコセラピー学会で活躍しているメンバーが中心でした。当日はみなさん、本書の原稿と同じように実に素敵な発表をしてくださいました。また、会場にはたくさんの方が参加され、長時間にわたり立ち見の方も多く、申し訳ない思いもしました。企画者として反響の大きさと内容の充実が喜ばしく、このままにしておくのがもったいなかったため、日本評論社の木谷陽平さんに相談したところ、書籍化を勧めてくださったというわけです。

　第2部ではさらにメンバーを広げ、さまざまな領域での実践について執筆していただきました。これまた実に豊かで読み応えのある実践の物語が集まり、わが国でのブリーフセラピーの広がりと成熟を目の当たりにした感があります。すべての執筆者にここであらためて敬意を表します。

　シンポジウムの当日には異なる立場からのコメントを期待して安達圭一郎先生に発言していただきました。本書では、第2部でご専門の対人関係療法について紹介してくださっています。ご存知のように対人関係療法自体は、ブリーフセラピーに入るわけではありませんが、エビデンスを重視し、フォーミュレーションをクライエントと共有することや、クライエント本人に問題の原因を求めず「病者の役割」を与える点など

には、共通した姿勢があるようにも思われます。

　さて、不登校やひきこもりの問題は、決して新しい問題ではありません。心理援助に携わる者にとってはむしろよく出会う問題とも言えるでしょう。しかし、そこには実にさまざまなディスコース（言説）が存在しています。ディスコースの宝庫と言っても過言ではありません。おそらく携わる専門家の数だけ、あるいは経験した当事者や関係者の数だけ、解決へのアイデアや、場合によっては「ねばならない」があるかもしれません。ということは、当事者や関係者の方たちもそれだけさまざまな情報に影響を受け、ときには振り回されたりプレッシャーを感じたりするはずです。問題に直面している時間が長いうえ、さまざまなプレッシャーにさらされるのは本当に大変なことだと思います。

　ブリーフセラピーは決して「正解」を提案するものではありません。当事者や関係者の困りごとやニーズを丁寧に汲み取りながら、柔軟に使えるリソースを探索していくところにその特徴があります。そのような取り組みの一端を紹介できたならば無上の喜びです。

　もう一人の編者である黒沢幸子先生には、自主シンポジウムを企画する段階からかかわってもらい、本書の編集にもご尽力いただきました。また、日本評論社の木谷陽平さんには先述したように書籍化の構想から完成まできめ細かくかつ素早い仕事をしていただきました。あらためて感謝の意を表します。

　この問題にかかわる一人でも多くの援助者が本書を手にとってくださり、何かしらのヒントやら励みやらを得ていただけたらと祈っております。

2016年6月　雨音を聞きながら神戸にて
坂本真佐哉

●執筆者一覧──

田中ひな子（たなか・ひなこ）
原宿カウンセリングセンター

安江高子（やすえ・たかこ）
関内カウンセリングオフィス

田中　究（たなか・きわむ）
関内カウンセリングオフィス

喜多徹人（きた・てつと）
学校法人神戸セミナー

淺谷　豊（あさたに・ゆたか）
高等学校教員

田崎みどり（たさき・みどり）
長崎純心大学地域連携センター

長沼葉月（ながぬま・はづき）
首都大学東京都市教養学部

西川公平（にしかわ・こうへい）
CBTセンター

柴田　健（しばた・けん）
秋田大学教育文化学部

安達圭一郎（あだち・けいいちろう）
神戸松蔭女子学院大学人間科学部

● 編者——

坂本真佐哉（さかもと・まさや）

神戸松蔭女子学院大学人間科学部心理学科教授。臨床心理士。日本家族研究・家族療法学会認定スーパーヴァイザー。琉球大学法文学部社会学科心理学専攻卒業。民間病院や大学病院、スクールカウンセラーなどを経て、2001年神戸松蔭女子学院大学准教授、2009年より現職。2007年度にはニュージーランドのワイカト大学の客員研究員としてナラティヴ・セラピーについて学んだ。システムズアプローチ（家族療法）、ソリューション・フォーカスト・アプローチ、ナラティヴ・セラピーを臨床実践の柱としている。著書に『暮らしの中のカウンセリング入門』（共著、北大路書房）、『心理療法テクニックのススメ』（共著、金子書房）、マディガン『ナラティヴ・セラピストになる』（共同監訳、北大路書房）ほか。

黒沢幸子（くろさわ・さちこ）

目白大学人間学部心理カウンセリング学科特任教授。臨床心理士。上智大学大学院文学研究科教育学専攻心理学コース修了後、医療、産業、学校領域のカウンセラー、東京大学客員研究員等を経て、現職。1998年からは、KIDSカウンセリング・システム研究会を故森俊夫氏とともに立ち上げ、ブリーフセラピー等の研修・実践を展開。ソリューション・フォーカスト・アプローチ、ナラティヴ・セラピー等を軸に、学校、思春期・青年期、家族を主な対象として臨床実践を行っている。著書に『やさしい思春期臨床』（金剛出版）、『タイムマシン心理療法』（日本評論社）、『森・黒沢のワークショップで学ぶ 解決志向ブリーフセラピー』（共著、ほんの森出版）ほか。

不登校・ひきこもりに効く ブリーフセラピー

2016年7月30日　第1版第1刷発行
2017年10月25日　第1版第2刷発行

編　者——坂本真佐哉・黒沢幸子
発行者——串崎　浩
発行所——株式会社 日本評論社
　　　　〒170-8474　東京都豊島区南大塚3-12-4
　　　　電話 03-3987-8621（販売）-8598（編集）　振替 00100-3-16
印刷所——港北出版印刷株式会社
製本所——井上製本所
装　幀——図工ファイブ

検印省略　© 2016 Sakamoto, M. & Kurosawa, S.
ISBN 978-4-535-56350-6　Printed in Japan

JCOPY 〈(社)出版者著作権管理機構 委託出版物〉
本書の無断複写は著作権法上での例外を除き禁じられています。複写される場合は、そのつど事前に、(社)出版者著作権管理機構（電話 03-3513-6969、FAX 03-3513-6979、e-mail: info@jcopy.or.jp）の許諾を得てください。
また、本書を代行業者等の第三者に依頼してスキャニング等の行為によりデジタル化することは、個人の家庭内の利用であっても、一切認められておりません。

Q&A不登校問題の理解と解決
海野和夫［著］ ■本体2300円+税
不登校問題は本人のみならず保護者、学校教師にとっても〝難問〟である。
教育相談のベテランが問題解決の具体的道筋を示す。

子どもの感情コントロールと心理臨床
大河原美以［著］ ■本体2000円+税
きれる、かんしゃく、暴力、いじめ、不登校、リストカット…子どもの心の問題は
どのように生じるかを明快に解き、支援の青写真を描く。

認知行動療法とブリーフセラピーの接点
津川秀夫＋大野裕史［編著］ ■本体2400円+税
両アプローチの比較や実践家同士のやりとりをとおして、
自身の"メガネ"を意識してみよう。新たな臨床のヒントが見えてくるから。

リフレーミングの秘訣
東ゼミで学ぶ家族面接のエッセンス
東 豊［著］ ■本体1600円+税
心理職に絶大な人気を誇る東教授が、4つの面接事例についてゼミ生と
ディスカッション。その模様を通して、必ず役立つ面接の秘訣を伝授する。

逆転の家族面接
坂本真佐哉［編］ ■本体1900円+税
家族面接——それは、困難状況で家族本来のチカラを引き出す工夫。
心理臨床、教育、医療、さまざまな現場の第一線で活躍する専門家の知恵が
一冊に集結！

日本評論社
https://www.nippyo.co.jp/